Schriften des deutschen Vereins für Armenpflege und Wohltätigkeit.

Einundneunzigstes Heft.

Verhandlungen der neunundzwanzigsten Jahresversammlung am 23. und 24. September 1909 in München.

Zweiter Teil.

Leipzig,
Verlag von Duncker & Humblot.
1909.

Stenographischer Bericht

über

die Verhandlungen der 29. Jahresversammlung

des

deutschen Vereins für Armenpflege und Wohltätigkeit

am 23. und 24. September 1909 in München.

Zweiter Teil.

Inhalt:

Die öffentliche Armenpflege auf dem Lande.

Leipzig,
Verlag von Duncker & Humblot.
1909.

Alle Rechte, insbesondere das der Übersetzung, vorbehalten.

Altenburg
Pierersche Hofbuchdruckerei
Stephan Geibel & Co.

Inhaltsverzeichnis.

	Seite
Rednerliste	VI
Zweite Sitzung: Freitag, den 24. September 1909, vormittags 9 Uhr	1
Die öffentliche Armenpflege auf dem Lande	1
Einleitende Bemerkungen. Stadtrat Dr. Muensterberg (Berlin)	1
Berichterstatter Bezirksamtsassessor Decker (München)	6
Berichterstatter Generallandschaftsdirektor Geh. Ober-Regierungsrat Kapp (Königsberg i. Pr.)	25
Berichterstatter Paul Lechler (Stuttgart)	47
Berichterstatter Landesrat Dr. Drechsler (Hannover)	59
Debatte	69

Verzeichnis der Redner.

Decker: 6.
Drechsler: 59.
Frankenberg: 75.
Kapp: 25. 84.
Lechler: 47.
Lücker: 69. 73.

Ludwig-Wolf, Vorsitzender: 1. 73. 83. 86.
Muensterberg: 1. 83.
Neuhaus: 82.
Salinger: 79.
Schölzel: 76.

Westram: 81.

Zweite Sitzung.
Freitag, den 24. September 1909, vormittags 9 Uhr.

Vorsitzender: Ich eröffne die Sitzung.
Wir gehen in unserer Tagesordnung fort und schreiten zum folgenden Punkt:
Die öffentliche Armenpflege auf dem Lande.
(Einleitende Bemerkungen: Stadtrat Dr. Münsterberg-Berlin.)
(Berichterstatter: Bezirksamtsassessor Decker-München. Generallandschaftsdirektor Geh. Ob.-Reg.-Rat Kapp-Königsberg i. Pr. Paul Lechler-Stuttgart. Landesrat Dr. Drechsler-Hannover.)

Stadtrat Dr. Münsterberg-Berlin: Meine Damen und Herren! Ich habe mich heute auf eine sehr bescheidene Aufgabe zu beschränken; ich habe nur die Verhandlungen mit einem Überblick über das kurz einzuleiten, was der Verein bisher auf diesem Gebiete getan und gesagt hat.

Wenn Sie den Generalbericht, den wir 1905 zum letzten Mal erstattet haben, durchblättern, so werden Sie finden, daß fast alle Gebiete, die wir behandelt haben, auch das Gebiet der ländlichen Armenpflege zum mindesten streifen, weil sehr viele dieser Fragen der städtischen und der ländlichen Armenpflege gemeinsam sind. Aber eines tritt bei allen diesen Erörterungen und Berichten mit überraschender Deutlichkeit hervor: das ist, daß, je größer der Armenverband ist, um so mehr die Frage der Leistungsfähigkeit zurücktritt vor der großen und schwierigen Frage der Organisation, und daß, je kleiner die Verhältnisse sind, die Frage der Organisation nicht die mindeste Schwierigkeit bietet. Der Bürgermeister, der Ortsschulze, der Gutsbesitzer, der Pfarrer kennen ihre Leute, und es ist auf dem Lande gewiß nie zu befürchten gewesen, daß jemand Unterstützung bekommen hätte, der sie nicht nötig hatte, oder der sie durch irgendwelche Listen erschleichen konnte. Und so scheidet sich für Stadt und Land von vornherein die Frage sehr wesentlich: nach der einen Richtung mit dem Schwergewicht auf der Erörterung der Fragen der Organisation, nach der andern Richtung im Hinblick auf die Frage der Leistungsfähigkeit.

Wenn so ganz allgemein diese Gesichtspunkte für die Erörterung der ländlichen wie der städtischen Armenpflege zutreffen, bezw. sie charakteristisch unterscheiden, so ist auszusprechen, daß wir die Frage der ländlichen Armenpflege auch speziell wiederholt behandelt haben. Sie bildete schon den Gegenstand sehr eingehender Erörterungen im Jahre 1882, als die Organisation der Armenpflege in den Gemeinden besprochen wurde; sie wurde wiederholt 1884 in einer Verhandlung, die „Zur Reform der ländlichen Armenpflege" überschrieben war, bis 1885 die Frage in ihrer ganzen Bedeutung von dem Verein erfaßt wurde, und er eine Kommission niedersetzte, die auf Grund eines ausführlichen, sehr umfassenden Programms die Erörterung der Frage vorbereiten sollte. Man kooptierte aus allen Teilen des Deutschen Reiches sachkundige Leute, die über die Zustände in ihren Staaten und Ländern, Provinzen, Kreisen Berichte erstatteten, die zusammengestellt und gedruckt wurden; natürlich ungleichwertige Berichte, wie es bei derartigen Sammelberichten der Fall zu sein pflegt, aber doch immerhin Berichte, die einen Einblick in die gesamte Lage dieser Verhältnisse gaben, und die um so wertvoller wurden, als eines unserer vorzüglichsten und verehrtesten Mitglieder, der 1897 verstorbene Freiherr von Reitzenstein, sie sachkundig zusammenstellte und einleitete. Das Ganze ist denn nachmalig unter dem Titel „Die ländliche Armenpflege und ihre Reform" mit allem dazu gehörigen Material veröffentlicht worden (Friedrich Wagner in Freiburg i. Br. 1886) und darf noch heute, trotzdem fast ein Vierteljahrhundert vergangen ist, als eine wertvolle Quelle und Fundgrube für die Behandlung der gesamten Frage betrachtet werden.

Auch hier tritt der angedeutete Gesichtspunkt wieder deutlich hervor: das Schwergewicht liegt wieder in der mangelnden Leistungsfähigkeit der ländlichen Armenpflege.

Die Gemeinde soll nach den dem deutschen Armenrecht zu Grunde liegenden Gesichtspunkten alles leisten: Nahrung, Kleidung, Obdach, Krankenpflege, Gebrechlichenfürsorge usw. Es leuchtet ein, das kann sie nicht; sie kann vielleicht einem zu essen und zu trinken geben und seine Blöße decken, — eine feinere Krankenpflege, eine feinere Fürsorge für den Krüppel, für den Taubstummen, für den Blinden, liegt ganz außerhalb der Leistungsfähigkeit eines kleinen Ortsarmenverbandes.

Nun zeigte sich damals in den Berichten das, was eigentlich Kenner der Verhältnisse, aber vielleicht auch diejenigen, die nur auf Grund des gesunden Menschenverstandes urteilen, sich selbst sagen müssen: was einer nicht kann, tut er auch nicht. Es hat sich im großen Ganzen noch kein ländlicher Armenverband daran zugrunde gerichtet, von einzelnen Ausnahmen abgesehen; er hat einfach nicht geholfen.

Daher treten in dieser Beziehung zwei Erscheinungen hervor, die man technisch zu nennen gewohnt ist: die negative und die positive Abschiebung. Die negative Abschiebung: einfach die Hände in die Tasche stecken und sagen: mach du was du willst, ich kann dir nicht helfen, ich habe keine Mittel; das ist negativ: einfach passiv dabeistehen. Oder positiv — ein Unternehmen, das mit viel größerem Erfolg immer wieder versucht wurde und versucht wird —: den Betreffenden aus dem Gesichtsfelde herausbringen, ihn über die Grenze des Gemeindebezirks hinausschicken, ihn sich oder einer anderen Gemeinde überlassen, die ortsarme Witwe mit einem Landarmen unter Zugabe einer kleinen Mitgift und fünf Kindern zu verheiraten, sodaß künftig der Ortsarme landarm wird usw. Gerade der

Bericht von 1886 enthält eine, wenn es nicht so traurig wäre, beinahe komisch und amüsant wirkende Fülle solcher Beispiele positiver Abschiebung.

Und nun tritt in den Erörterungen der Reform der Gesichtspunkt hervor, der sich auch dem gesunden Menschenverstande von selbst aufdrängt: wenn ich etwas nicht leisten kann, weil ich allein stehe und zu schwach bin, so verbinde ich mich mit den anderen, um gemeinschaftlich leisten zu können. Und so tritt in den Reformen in der Tat dieser Wunsch, das, was der einzelne nicht leisten kann, durch Gemeinsamkeit zu leisten, sofort kräftig und nachhaltig hervor: Die Mittel sind die Bildung von Zweckverbänden für bestimmte Leistungen, wie Krankenhäuser — ein sehr bekanntes Beispiel sind die sächsischen Bezirksarmenhäuser —, die Verbindung zu einheitlichen Gesamtarmenverbänden — etwas, was tatsächlich nie vorgekommen ist; mit einer kleinen Ausnahme sind die seit 1871 bestehenden Gesamtarmenverbände nicht vermehrt worden —, vor allem aber die Beteiligung größerer Verbände an der Armenlast: das, was die einzelne schwache Schulter nicht tragen kann, auf die großen breiten Schultern der großen Verbände, der Gemeinschaft zu legen.

Nun kommt hier eine Einrichtung, die für die Betrachtung der ländlichen Armenpflege sehr wesentlich ist, in Betracht: das ist das Landarmenwesen. Das Landarmenwesen half schon sehr erheblich, indem es die Last für alle diejenigen abnahm, die keinen Unterstützungswohnsitz besaßen, oder, wie es im Bayrischen genannt wird, die keine Heimat besitzen. Aber außerdem nahmen diese Landarmenverbände, die ja durchweg mit den großen kommunalpolitischen Verbänden identisch sind, zunächst freiwillig eine große Anzahl von Darbietungen auf sich, wie die Irrenpflege, die Blinden-, Taubstummen- und dergleichen -Pflege, teils wurden — wie dann später in dem Gesetz von 1891 für Preußen und in vielen anderen Gesetzen, in den Leistungen der Distrikte und Kreise in Bayern — diese Leistungen auch gesetzlich auferlegt, sodaß die schwierigen, sehr erhebliche technische Einrichtungen fordernden Anstalten und dergleichen auf diese breiten Schultern überwälzt wurden, allenfalls mit der Maßgabe, daß nicht die ganze Last übrrnommen wurde, sondern daß die einzelnen Verbände, um interessiert zu bleiben, mit einer kleinen Quote an den Individualpflegekosten beteiligt blieben, — das bekannte französische Centimessystem.

Diese Frage des Landarmenwesens schien aber von besonderer Bedeutung in den ersten Jahren der Vereinstätigkeit, weil, wie diejenigen, die seit früheren Jahren sich mit den Fragen beschäftigen, sich erinnern werden, dem Landarmenwesen — und gerade, man darf sagen, aus bayrischen und aus süddeutschen Kreisen — der Vorwurf gemacht wurde, daß es die Bevölkerung gewissermaßen auflöste, daß ein Drang dazu bestände, die Leute landarm, ruhelos zu machen. Und so schien denn in Verbindung mit den auch damals viel umstrittenen Fragen der Freizügigkeit es erwünscht, einmal das Landarmenwesen, diese besondere Seite des ländlichen Armenwesens, einer besonderen Untersuchung zu unterziehen, die 1890 in der Schrift „Das Landarmenwesen", für die ich selbst Berichterstatter war, zusammengefaßt wurde.

Und auch da stellt sich wieder heraus, daß man nicht daran denkt, die von einer Reihe nicht unangesehener Schriftsteller und Praktiker geforderte

Rückwärtsrevision zu vollziehen nach der Richtung der Heimat hin, nach der Richtung der Aufhebung der Freizügigkeit, sondern daß man sagt: die bestehenden Verhältnisse haben sich entwickelt, wie sie sind, die Gesetzgebung ist nicht die Ursache dieser Entwicklung, die Gesetzgebung ist den tatsächlichen Verhältnissen nachgefolgt; und so tritt denn wieder auf der ganzen Linie der bringende Wunsch hervor: brecht mit dem mechanischen Prinzip, jeden einzelnen kleinen Ortsarmenverband zum Träger der Armenlast zu machen, helft ihm, bildet Gesamtarmenverbände, und vor allem: legt wieder größere Lasten, die die Kreise nicht tragen können, auf die breiteren Schultern.

Und dieser Gesichtspunkt wurde mit solcher Nachdrücklichkeit betont, daß der Verein sich entschloß, die Frage der Beteiligung größerer Verbände nochmals — oder vielmehr nicht nochmals, sondern abgesondert — zum Gegenstande einer besonderen Untersuchung zu machen; 1897 wurde ein umfassender Bericht über die Lage der Sache in allen Landesteilen veröffentlicht und zum Gegenstande der Verhandlungen in unserem Kongreß gemacht, in welcher Weise bisher die größeren Verbände beteiligt gewesen seien, und inwieweit eine Weiterentwicklung in dieser Richtung geboten sei. Es zeigte sich damals, daß in der Tat, dem Zwange der tatsächlichen Verhältnisse und einer gereifteren Einsicht entsprechend, eine große Anzahl von korporativen größeren Verbänden Armenlasten übernommen hatten, die zu übernehmen sie ein Gesetz noch nicht verpflichtete.

Das sind die eigentlichen großen Berichte und Verhandlungen, in denen wir uns speziell mit diesen Fragen beschäftigt haben. Wir haben außerdem noch 1899 speziell die Kranken- und Hauspflege auf dem Lande behandelt; damals wurde die Anstellung von Landkrankenpflegerinnen gefordert, an deren Ausbildung auch wieder die größeren Verbände beteiligt werden sollten, und es wurde dabei auch festgestellt, in wie trüben Verhältnissen, in wie trauriger Lage gerade die Krankenpflege auf dem Lande sich befand.

Dann sind wir auf die Frage nicht früher zurückgekommen, als bis die Novelle zum Gesetz über den Unterstützungswohnsitz von 1906 die Vertreter der Armenpflege auf den Plan rief, um zu diesem Entwurf programmatisch Stellung zu nehmen. Es wird Ihnen allen in Erinnerung sein, wie wir damals nicht einzelne Leitsätze diskutierten, sondern wie wir programmatische Forderungen aufstellten, in denen wir die Regelung der gesamten Armenpflege aus gewissen Gesichtspunkten forderten, die die Novelle selbst leider nicht berücksichtigt hatte. Wir hatten damals in dem Programm auch eine Frage behandelt, die inzwischen Bedeutung gewonnen hatte, auch durch die veränderten Stellungen der öffentlichen Gewalten: die Frage der Wanderarmen, eine Frage, die für die ländliche Armenpflege ja von außerordentlicher Bedeutung ist. Die kleine Gemeinde ist ja dem Zustrom der Wandernden absolut nicht gewachsen. Formell, theoretisch durch den § 28 unseres Gesetzes und im Grunde auch durch die bayerischen Heimats- und Armengesetze ist sie verpflichtet, jedem, der in ihrem Bezirke erscheint, das Notwendige zu gewähren. Nun stellen Sie sich den Ortsschulzen vor, der 100 Stromern, die in einer Nacht bei ihm vorsprechen, das Quartier geben soll! Daraus ist die Bewegung für das Wanderarmenwesen entstanden: das System der Naturalverpflegungsstationen in Württemberg, die Weiterentwicklung durch die Bodelschwinghschen Pläne, die neueren Regierungspläne in Württemberg, in Baden, das preußische Gesetz von 1907, alles Versuche, die Wanderarmenfrage wenn nicht zu lösen — ich glaube nicht, daß sie durch Gesetze allein gelöst werden kann —, so doch ihr gerechter dadurch zu werden, daß auch dieser Teil der ländlichen Armenpflege wieder auf die breitere Basis der größeren Verbände gestellt wird.

In dem Programm von 1906 wiederholte denn auch der Verein, in= bezug auf diese Seite der Frage die immer wieder hervortretende Forderung der Beteiligung der größeren Verbände.

Aber bevor ich schließe, möchte ich noch auf einen Punkt hinweisen. In diesem Programm charakterisierte der Verein mit großer Deutlichkeit und mit sehr starkem Nachdruck seine Stellung als eines allgemeinen deutschen Vereins. Liegt es auch in der Natur der Sache, daß bei der Bedeutung, die die organisatorischen Fragen für die Armenpflege haben, die städtischen Interessen etwas in den Vordergrund traten, so hat es doch niemals in der Absicht des Vereins gelegen, irgendwie ein Vertreter städtischer Interessen zu sein; und er würde, man darf sagen, sich selbst ins Fleisch schneiden, wenn er das je unternommen hätte. Denn wenn er ein Vertreter städtischer Interessen wäre — was er nicht ist —, so wäre sein Interesse ganz außer= ordentlich groß daran, daß auf dem Lande eine gesunde und leistungsfähige Bevölkerung erhalten bleibe, daß nicht ländliches Proletariat in die Städte abgeschoben wird, und, ganz abgesehen von kulturellen und anderen Gesichts= punkten, allein aus der nackten Erwägung der finanziellen Belastungen, die Städte davon verschont werden.

Ich möchte auch das in diesem Zusammenhange kurz aussprechen: Es kommt wirklich nicht so sehr auf das bißchen Armenlast an; vielleicht gilt es als ketzerisch, wenn der Leiter der hauptstädtischen Armenverwaltung das ausspricht — aber soll ich mich denn wirklich davor scheuen, ob wir ein paar hundert Leute noch mehr zu verköstigen haben, wo in Berlin und ebenso in München, ein ungeheurer Strom zahlungsfähiger Leute hereindrängt, die das Geld auf die Straße legen, unsere Gewerbe kaufkräftig und leistungs= fähig machen? Sollen wir da wirklich ängstlich rechnen, ob wir einmal durch ein paar Leute etwas mehr Armenlasten haben? Wo die Stadt obendrein neben denen, die durch die Aussicht auf bessere Armenversorgung angezogen werden mögen, doch eine ungeheure Menge von gesunden und kräftigen Elementen der ländlichen Bevölkerung entzieht, die in den Städten und in den industriellen Bezirken ihre neue Nahrung suchen. So wurde denn da= mals ausgesprochen, und es liegt mir daran, das wörtlich zu wiederholen:

„Der Verein erhebt seine Forderungen im Interesse gesunder, bedürftiger Bevölkerung wirksam helfender Armenpflege in Stadt und Land. Er befürchtet aus der Annahme der Bestimmungen des Entwurfs nicht nur eine einseitige Be= lastung der Städte und industriellen Gebiete, sondern vor allem auch den voll= ständigen Stillstand in den Bestrebungen zur Verbesserung der ländlichen Armen= pflege, dessen Folge eine weitere Vermehrung des Anreizes zur Abwanderung vom Lande nach der Stadt sein würde."

Wenn wir heute nun dieses Thema mit so deutlicher Betonung länd= lichen Interesses wieder zur Verhandlung stellen, so knüpfen wir eigentlich an einen Bericht an, der 25 Jahre zurückliegt, den ich vorhin erwähnt habe.

Das ist der eigentliche Sitz der Materie. Auch haben wir, um den Gegenstand so zu behandeln, wie das Interesse an ihm es verdient, vermieden, Vertreter aus den Reihen städtischer Fachleute zu bestellen. Es war vielmehr unser Bemühen, Vertreter derjenigen Kreise zu gewinnen, die mit diesen Fragen ganz genau vertraut sind, was, wie Sie den nachfolgenden Referaten hoffentlich entnehmen werden, uns in vollem Maße gelungen ist.

Die gedruckt vorliegenden Leitsätze hatte ich ursprünglich beabsichtigt, in eine gefälligere knappere Form zusammenzufassen, um eine Resolution herbeizuführen. Ich habe mich aber überzeugt, und ich glaube, Sie werden dieselbe Empfindung haben, wenn Sie die Leitsätze gelesen haben, daß sie in ihrer Art so hübsch programmatisch die Nöte des Landes, die Wünsche für die Reform darstellen, daß es bedauerlich gewesen wäre, der Versammlung diese Darlegungen vorzuenthalten. Und so liegen die Leitsätze vor Ihnen, die nun jeder der Herren Referenten in seiner Weise zu begründen und zu vertreten haben wird. Sie sehen, das ist das Charakteristische — und damit darf ich an den Anfang anknüpfen —, wie durchweg auch hier die von uns oft betonte Forderung der Beteiligung größerer Verbände wiederkehrt; Sie sehen aber auch, wie namentlich der ostpreußische Herr Berichterstatter die wirtschaftliche und kulturelle Bedeutung der Frage betont.

Ich hatte heute nur die Aufgabe, als Schriftführer des Vereins von der bisherigen Arbeit des Vereins bis zu den heute zu erwartenden Berichten überzuleiten. Ich weiß aber, daß ich den Traditionen des Vereins und seiner Auffassung Ausdruck gebe, die über die engeren Grenzen einer nur die äußere Gestaltung der Armenpflege ins Auge fassenden Betrachtungsweise hinausgeht, wenn ich die Worte wiederhole, mit denen ich 1906 meinen Bericht über die Novelle zum U.W.G. schließen durfte. Ich sagte damals, und ich glaube auch damit auf dem Boden der allgemeinen Auffassung unseres Vereins, als eines allgemeinen deutschen Vereins, zu stehen:

„Höher als gesetzliche Maßregeln im Rahmen des Armenrechts stehen alle positiven Bestrebungen zur Hebung der ländlichen Zustände und der ländlichen Armenpflege; und eben deshalb wünschen wir, der Landbewohner werde durch guten Lohn, durch Besitz eines eigenen Heims, durch Schaffung von Wohlfahrtseinrichtungen so gestellt, daß ihm die Scholle lieb gemacht werde."

(Lebhafter Beifall.)

Berichterstatter, Bezirksamtsassessor Decker-München:

I.

Welche Anforderungen stellt das derzeitige Recht an die öffentliche Armenpflege auf dem Lande? Wird die Armenpflege diesen Anforderungen tatsächlich gerecht? Wenn nicht: welches sind die Ursachen dieser Erscheinung? Endlich: wie kann abgeholfen werden?

Das sind die Fragen, auf welche ich als Berichterstatter für Bayern die Antwort geben möchte.

Zunächst: Welche Anforderungen stellt das geltende Recht an die öffentliche Armenpflege auf dem Lande?

Das bayerische Armengesetz vom 29. April 1869 weist der öffentlichen Armenpflege die rechtlich erzwingbare Pflicht zu: „hilfsbedürftige Personen zu unterstützen."

Zu der im eigenen Unvermögen begründeten **Hilfsbedürftigkeit** muß die **Hilflosigkeit** hinzukommen: die öffentliche Armenpflege hat den Hilfsbedürftigen nur dann zu unterstützen, wenn er im Augenblick nicht von anderer Seite die nötige Hilfe erlangen kann.

Träger der Armenunterstützungspflicht sind in der Hauptsache die politischen Gemeinden, die **örtlichen Armenpflegen**.

Welche örtliche Armenpflege hat zu unterstützen, und wie bemißt sich der **Inhalt** ihrer Unterstützungspflicht?

Die Unterstützungspflicht der Gemeinden erstreckt sich zunächst auf die **Heimatberechtigten**. Das Heimatrecht wird im wesentlichen erworben durch Geburt und durch Eheschließung, außerdem durch ausdrücklichen Verleihungsakt der Gemeinde, der bei besonderen Voraussetzungen erzwungen werden kann. Bloßer Aufenthalt in der Gemeinde führt für sich allein nicht zum Erwerb der Heimat. Verloren wird die Heimat nur durch den Erwerb einer neuen Heimat, nicht durch bloße Abwesenheit von der alten Heimat (Heimatprinzip im Gegensatz zum Prinzipe des Unterstützungswohnsitzes). Das bayerische Recht kennt keine Landarmen.

Was hat die Gemeinde den Heimatberechtigten zu leisten?

Das Gesetz zählt die Pflichtaufgaben der heimatlichen Armenpflege erschöpfend auf wie folgt:

1. für arbeits**unfähige** Personen:
   Gewährung der zur Erhaltung des Lebens unentbehrlichen Nahrung, Kleidung, Wohnung, Heizung und Pflege;
2. für arbeits**fähige** Personen:
   Gewährung der im Interesse der öffentlichen Sicherheit oder Sittlichkeit augenblicklich unentbehrlichen Hilfe in Fällen dringender Not;
3. für Kranke:
   Gewährung der erforderlichen ärztlichen Hilfe nebst Pflege und Heilmitteln;
4. für Verstorbene:
   Sorge für die Beerdigung;
5. für Kinder:
   Verschaffung der erforderlichen Erziehung und Ausbildung.

Diesen endgültigen Verpflichtungen der Heimatgemeinde stehen andere gegenüber, welche die Gemeinde als bloße **Aufenthaltsgemeinde** auf Kosten einer anderen Gemeinde nur vorläufig zu erfüllen hat. Die vorschußweisen Verpflichtungen der Aufenthaltsgemeinde haben ungefähr den nämlichen sachlichen Umfang wie die endgültigen Verpflichtungen der Heimatgemeinde.

Sie sehen, das Gesetz beschränkt sich auf das Notwendige, aber es fordert auch das Notwendige. Das Gesetz will außerdem, daß die Unterstützung nur nach genauer Prüfung der Verhältnisse gewährt und diesen Verhältnissen nach Art, Umfang und Dauer angepaßt werden soll. Das Gesetz will endlich eine wirkliche „Pflege" des Armen, seine ständige Beobachtung und als letztes Ziel seine Versetzung in eine höhere soziale Schicht.

Die Aufgaben, welche die bayerische Armengesetzgebung den ländlichen Armenpflegen zuweist, decken sich also mit den Grundsätzen der modernen Armenpflege; wenn die öffentliche Armenpflege auf dem Lande in Bayern wirklich leistet, was das Gesetz von ihr verlangt, so ist sie gut und entspricht allen billigen Anforderungen.

II.

Wie stellt sich die Sache in der Praxis? Genügt die öffentliche Armenpflege auf dem Lande in Bayern ihren gesetzlichen Pflichten oder bleibt sie hinter ihnen zurück?

Es ist unmöglich, auf diese Fragen einfach mit Ja oder Nein zu antworten. Die Verhältnisse wechseln von Landstrich zu Landstrich, von Gemeinde zu Gemeinde, je nachdem ob die Gegend wohlhabend oder arm, ob die Armenlast groß oder gering ist. Ja sogar innerhalb der nämlichen Gemeinde bestehen vielfach Unterschiede, je nach den Erscheinungsformen der Armenhilfe, je nachdem, ob es sich um daheim oder um auswärts befindliche Arme, um verschuldete oder um unverschuldete Armut, um geschlossene oder um offene Armenpflege, um Erwachsene oder um Kinder handelt. Mein Bericht muß daher auf ein allgemein gültiges Urteil über die ländliche Armenpflege Bayerns verzichten und sich darauf beschränken, Einzelheiten hervorzuheben, wie sie bald hier, bald dort in die Erscheinung treten, ohne daß sie deswegen schon als Regel angesprochen werden dürfen.

Freilich ist es schwer, auch für diese Einzelheiten völlig unanfechtbare Beweise zu liefern. Die Tatsachen liegen nicht immer klar vor Augen, und selten nur kommt es zu amtlichen Feststellungen, die in die Öffentlichkeit bringen. Indessen sind die Klagen über die Unzulänglichkeit der ländlichen Armenpflege in Bayern doch so zahlreich, kommen aus so verschiedenen Gegenden, von so verschiedener Seite und bewegen sich in so verschiedenen Richtungen, daß es Pflicht einer gewissenhaften Berichterstattung ist, zu diesen Klagen Stellung zu nehmen.

Vielleicht am wenigsten läßt sich bestreiten, daß die öffentliche Armenpflege, soweit sie ländlichen Gemeinden obliegt, nicht immer rechtzeitig genug eingreift. Ländliche Armenpflegen zur Gewährung auch nur des unumgänglich Notwendigsten zu bringen, ist oft ein schweres Stück Arbeit. Über langwierigen Verhandlungen vergeht die Zeit, ohne daß der Arme die notwendigste Hilfe findet, und doch hätte, rechtzeitig gewährt, vielleicht eine nur einmalige Hilfe genügt, um ihn vor dem Verbrechen oder vor dauernder Hilfsbedürftigkeit zu bewahren. Wie mit dem erstmaligen Eingreifen, so steht es hier und da auch mit der Fortsetzung einer bereits begonnenen Hilfeleistung: die Unterstützungstermine, auf die sich der Unterstützungsbedürftige eingerichtet hat, werden nicht immer eingehalten. Die Folgen liegen auf der Hand: der Hilfsbedürftige ist in der Zwischenzeit nicht genügend versorgt, kommt herunter, lernt es nicht, sich einzuteilen, wechselt zwischen Mangel am Notwendigsten und verhältnismäßigem Überfluß und sinkt immer tiefer.

Neben die Verspätung in der Hilfeleistung tritt häufig die **Unzuläng= lichkeit der Unterstützung nach ihrem Umfang**. Da sind gänzlich mittellose und erwerbsunfähige Arme, die außer der Wohnung im Armen= haus überhaupt keine oder nur eine so geringfügige Unterstützung erhalten, daß sie auf den Bettel angewiesen sind. Da werden Verpflegungsgelder an dritte Personen gezahlt, so gering, daß der Empfänger unmöglich damit den Pflegling ausreichend erhalten und selbst noch dabei verdienen kann.

Ein trübes Bild bieten in vielen ländlichen Gemeinden Bayerns die **Unterkunftsverhältnisse der Armen**, namentlich in den **Armen= häusern**.

Viele Gemeinden haben überhaupt kein Armenhaus. Und doch können bei dem heutigen Rechtszustande die meisten von ihnen jede Stunde in die Lage geraten, für einen Armen, den sie von auswärts übernehmen müssen, Wohnung zu beschaffen. Tritt diese Notwendigkeit an solche Gemeinden heran, so geraten sie in Verlegenheit. Häufig ist niemand freiwillig bereit, die Wohnung zur Verfügung zu stellen, und ein gesetzlicher Zwang, es zu tun, ist nicht vorgesehen.

Die vorhandenen Armenhäuser befinden sich vielfach in schlechtem hygienischen Zustande, werden ungenügend unterhalten und leiden unter zu starker Belegung. Die Belegung setzt sich aus Elementen zusammen, wie sie verschiedenartiger kaum gedacht werden können: beide Geschlechter, Gesunde und Kranke, unverbesserliche Säufer und schuldlos in Not geratene Kinder, dann und wann mehrere Familien durcheinander gemischt, hausen hier oft in einem Raum zusammen. Körperlich und geistig verkommen, ohne Sinn für Reinlichkeit und Ordnung, ohne ernstliche Beschäftigung, ohne Über= wachung und ohne Gebundenheit an eine strenge Hausordnung, dem Trunke und anderen Lastern ergeben, sind die Bewohner des Armenhauses in manchen Gemeinden ein Schrecken der übrigen Bevölkerung, ein schlechtes Beispiel für die Jugend der Gemeinde, geeignet, die noch besserungsfähigen Insassen, namentlich die Kinder, völlig zu verderben.

In den amtlichen Jahresberichten der Bezirksärzte, deren Ergebnisse im **General=Sanitätsbericht** für das Königreich Bayern regelmäßig zu= sammengestellt sind, spielen auch die Beschwerden über die ländlichen Armen= häuser, ihre Insassen und deren Versorgung, von jeher eine Rolle. So ver= lockend es wäre, Einzelheiten hieraus mitzuteilen, so muß ich mich doch be= gnügen, auf diese amtliche Quelle lediglich hinzuweisen. Übrigens sei fest= gestellt, daß die Staatsaufsichtsbehörden mit allen Mitteln auf Beseitigung der Mißstände hinarbeiten und vielfache Erfolge zu verzeichnen haben.

Der General=Sanitätsbericht bietet auch reichhaltiges Material für die Behandlung, die den Armen im Falle der **Krankheit** zu Teil wird. Im allgemeinen ist hierfür genügend gesorgt. Immerhin meldet auch der letzte General=Sanitätsbericht aus den verschiedensten Teilen des Königreiches einige Fälle, in denen erkrankte Arme geradezu vernachläßigt wurden.

Was die **Anstaltsversorgung** und den Umfang betrifft, in dem zu ihr gegriffen wird, so muß zwischen den verschiedenen Arten von Armen unterschieden werden, die für Unterbringung in eine Anstalt in Frage kommen.

Die Geisteskranken befinden sich wohl überall im Königreich, so weit es notwendig ist, in Anstalten. Auch für jugendliche Blöde, jugendliche Blinde und für Taubstumme mag dies zutreffen.

Dagegen tritt Anstaltsversorgung noch nicht in wünschenswertem Umfang ein bei erwachsenen Blinden und Blöden, vor allem aber nicht bei Siechen und Gebrechlichen. Meist sind diese Personen mit Gesunden und mit Kindern in den Armenhäusern untergebracht und entbehren dann der erforderlichen Pflege. Diese ungenügende Verwahrung namentlich der Blödsinnigen und der Schwachsinnigen mag dann bisweilen zu Zuständen führen, wie sie noch für 1904 aus einer Gemeinde gemeldet wurden: „Im Armenhause befanden sich 3 geistesschwache Brüder und deren Schwester, welche von einem der ersteren geschwängert worden war; auf amtsärztlichen Antrag wurden alle 4 Personen in die Kreisirrenanstalt verbracht." Einer der bayerischen Berichterstatter für den Kongreß des Jahres 1886 stellte fest: „Die Fürsorge, welche den gebrechlichen und sonst erwerbsunfähigen Personen in ihren Gemeinden in bezug auf Wohnung und Nahrung zu teil wird, ist meistens eine durchaus ungenügende, ja menschenunwürdige." Sicher ist seitdem vieles besser geworden. Aber auch heute noch sind die Verhältnisse keineswegs befriedigend. In unseren ländlichen Armenhäusern oder auch in Familien befindet sich immer noch eine große Anzahl von Gebrechlichen aller Art, die von Rechts wegen auf Gemeindekosten in eine Anstalt gehören. So wurden 1906 in den Bezirksämtern der Oberpfalz beiläufig gezählt

	überhaupt	hiervon in Anstalten	
		absolut	%
Blinde	152	14	9,2
Taubstumme	325	56	17,2
Krüppelhafte	696	21	3,0
Epileptische	173	23	13,3
Blöde	443	134	30,2
Geisteskranke	601	437	72,7

Hierunter sind gewiß viele Personen, die nicht arm oder zwar arm, aber nicht der Anstaltspflege bedürftig sind. Für die größte Zahl der Fälle treffen jedoch sicher beide Voraussetzungen zu.

Besonders im argen liegt die Versorgung Siecher und solcher Personen, die zwar an sich arbeitsfähig, aber durch irgend ein Gebrechen oder Leiden tatsächlich vom Arbeitsmarkt ausgeschlossen sind. Dies beweist schon die äußerst geringe Zahl der Armenversorgungs-, Pfründe- und Siechenanstalten, welche für ländliche Gemeinden in Betracht kommen.

Vielfach wird bemängelt, daß und wie die Armen auf dem Lande im Wege der sog. Umkost ernährt werden. Art. 19 des Armengesetzes gewährt den Landgemeinden des rechtsrheinischen Bayerns die Befugnis, die Verköstigung der Armen an die einen selbständigen Haushalt führenden Einwohner in bestimmter Reihenfolge zu übertragen, verbietet jedoch gleichzeitig, dieses Verfahren auf Kinder bis zu vollendeter Werktagsschulpflicht, auf kranke und sicherheitsgefährliche Personen anzuwenden. In den richtigen

Grenzen und in der richtigen Weise gewährt, ist die Rundkost für ländliche Verhältnisse auch heute noch eine geeignete Form der Armenunterstützung: der Arme bekommt bessere Kost, als er sich selbst herstellen könnte, hat Gelegenheit im Haushalt des Kostgebers mitzuarbeiten, und erhält so einen Ansporn, sich wieder aufzuraffen. Wo der „Quartierer" mit der Familie und dem Gesinde an einem Tisch sitzt, läßt sich gegen die Turnuskost kaum etwas einwenden. In der Tat sind nicht alle Klagen begründet, welche gegen sie erhoben werden. Vielfach kommen diese Klagen aus dem Munde von Leuten, die ihr Leben in der Stadt verbracht haben, im Alter verarmt heimgekehrt sind und nun die derbe bäuerliche Kost nicht vertragen können. Im übrigen ist die Umkost unaufhaltsam im Rückgang begriffen. Mit dem Vordringen verfeinerter Lebensbedürfnisse auch auf das Land sträubt sich die bäuerliche Bevölkerung selber mehr und mehr dagegen, namentlich bei unreinlichen Personen. Mißstände bestehen allerdings noch da, wo der Reihenzug sich nicht an die gesetzlichen Einschränkungen hält. So wird bisweilen noch, wo das Armenhaus fehlt oder überfüllt ist, dem Gesetze zuwider nicht bloß die Kost, sondern auch die Wohnung im Turnus gewährt, werden trotz des gesetzlichen Verbotes auch kranke und jugendliche Personen auf die Umkost verwiesen.

Damit komme ich zur Jugendfürsorge. Das Armengesetz verpflichtet die Armenpflege, armen Kindern die „erforderliche Erziehung und Ausbildung", also nicht bloß das zu verschaffen, was zur Erhaltung des Lebens unentbehrlich ist, sondern soviel, daß sie sich später mit ihrer Hände Arbeit ernähren können. In letzter Zeit häufen sich die Klagen, daß die ländlichen Armenpflegen Bayerns dieser Verpflichtung nur ungenügend nachkommen. So wird behauptet, daß Kinder an den Wenigstnehmenden in öffentlicher Versteigerung vergeben werden; daß die Verpflegungssätze vielfach unzulänglich sind; daß die Auswahl der Familien für die Aufnahme von Kindern lediglich nach finanziellen Gesichtspunkten erfolgt; daß Kinder an Gemeindearme, anstatt einer Unterstützung in Pflege gegeben werden; daß die Verweisung von Kindern auf die Turnuskost vorkommt, wenn auch mit der Mutter zusammen. Oder: Kinder würden mit den denkbar schlechtesten Elementen zusammen im Armenhaus untergebracht; Kinder würden oft nicht früh genug von ihren erziehungsunfähigen Eltern getrennt; aus Ersparnisgründen werde die Anstaltserziehung verspätet begonnen oder vorzeitig abgebrochen; es fehle an den Versuchen, körperlich und geistig gebrechliche Kinder nach Tunlichkeit auszubilden und für das Leben auszurüsten.

Zu einem Teile wenigstens sind diese Behauptungen auf Grund der amtsärztlichen Jahresberichte als begründet anzuerkennen. Anderseits erfordert die Gerechtigkeit, hervorzuheben, daß das Kostkinderwesen seit einigen Jahren amtlich scharf überwacht wird, und daß von dieser Seite in der letzten Zeit wenigstens über gröbere Mißstände nicht mehr Beschwerde geführt wurde. Vielmehr ist vielfach zu hören, daß die Kostkinder besser gehalten würden als die eigenen.

Eine ziemlich häufige Erscheinung des bayerischen Armenwesens sind die Heimholungen. Art. 30 d. Armenges. gibt der Armenpflege das Recht, denjenigen Personen, welche den Anordnungen des Armenpflegschaftsrates in bezug auf die Verabreichung von Unterstützungen ungerechtfertigten Ungehorsam entgegensetzen, auf die Dauer dieses Ungehorsams jede Unterstützung zu versagen. Die Armenpflegen wenden das Heimholungsrecht ziemlich häufig an und bestehen oft auf Heimkehr, ohne sich Rechenschaft darüber zu geben, wo der Verarmte untergebracht werden und wie er sich durchschlagen soll. So führt das Heimholungsrecht häufig zu einer gewissen Härte. Der Hilfsbedürftige wird aus der gewohnten Umgebung herausgerissen und gezwungen, den Rest seines Lebens unter völlig fremden Verhältnissen zu verbringen. Entschließt sich die Heimatgemeinde aber, von der Heimholung abzusehen, so wird die Unterstützung vielfach nach den Lebensbedingungen nicht am Aufenthalts-, sondern am Heimatorte und demgemäß oft zu niedrig bemessen. Zu ähnlichen, gerade so häufigen und gerade so schlimmen Mißständen pflegt es zu kommen, wenn die Aufenthaltsgemeinde oder der Aufenthaltsstaat unabhängig vom Willen der Heimatgemeinde den Hilfsbedürftigen heimschafft, also bei der Ausweisung.

Gewiß: es handelt sich bei allen diesen Unzuträglichkeiten nur um **vereinzelte** Erscheinungen, die nicht verallgemeinert werden dürfen. Aber auch in dieser Vereinzelung sind sie zu bedauern und genügen, um den Ruf nach Abhilfe zu rechtfertigen.

Es mag auf den ersten Blick merkwürdig erscheinen, daß den Klagen über unzulängliche Leistungen der ländlichen Armenpflegen mit der nämlichen Bestimmtheit die Behauptung gegenübertritt, die ländliche Armenpflege sei zu freigebig, werde **ausgebeutet**. Diese Behauptung gilt den Wanderarmen, die beschäftigungslos im Lande herumziehen, auf Kosten der Heimatgemeinde sich täglich Reiseunterstützungen verabreichen lassen und wochenlang in irgend einer fremden Gegend das Krankenhaus frequentieren. Sie gilt den Unverschämten, die aus sicherer Entfernung Armenpflege, Bezirksamt und Regierung mit Bettelbriefen voller Erfindungen und Übertreibungen belästigen und dann oft eine Unterstützung erhalten, nur damit sie wieder auf einige Zeit ruhig bleiben. Sie gilt endlich den Eltern, die der Armenpflege die Fürsorge für ihre Kinder aufbürden, in erster Linie den unehelichen Müttern, die mit einer gewissen Regelmäßigkeit ein Kind um das andere der Heimatgemeinde zuführen.

Kein Zweifel, daß die ländlichen Armenpflegen Bayerns von diesen und anderen Personenklassen tatsächlich oft geradezu unerhört ausgebeutet werden. Hieraus erklärt sich wohl auch die bittere Stimmung, welche von der ländlichen Armenpflege das Wort geprägt hat: „Armenpflege — Lumpenpflege".

Teilweise hängt der Übelstand mit einem Mangel zusammen, der unserer ländlichen Armenpflege fast in allen Zweigen den Stempel aufdrückt: **mit dem Mangel an individualisierender Behandlung der Unterstützungsfälle.** Keine sorgsame Prüfung der Voraussetzungen für das Eingreifen der Armenpflege, wenigstens nicht bei Leistungen nach auswärts; keine Auswahl der Mittel nach den Bedürfnissen des Einzelfalles; keine Bewilligung der Unterstützung zunächst nur auf kurze Zeit und nach deren Ablauf erneute Prüfung der Verhältnisse; keine geordnete und regelmäßige Kontrolle des Unterstützungsempfängers; nur ungenügende Fühlung mit der Privatwohltätigkeit. Vor allem fehlt es an einer Hilfe durch Verschaffung von Arbeit, an einer genügenden Beschäftigung des Armen mit ihrer erzieherischen Wirkung. In Bayern gibt es nur eine einzige ganz unbedeutende Armenbeschäftigungsanstalt, deren Wirksamkeit auf ländliche Gemeinden erstreckt ist. Wie nahe läge es, Armen ein Stück Land zur Bebauung als Armenunterstützung zuzuweisen, und wie verschwindend selten wird hiervon Gebrauch gemacht! Und was die Kontrolle betrifft, so mag sich die Armenpflege oft schwer genug entschließen, eine Unterstützung zu bewilligen. Hat sie es aber einmal getan, so wird der Unterstützte in der Regel sofort zum Dauerrentner, der sich des Genusses der Unterstützung fortan auf Lebenszeit erfreuen darf, ohne je eine wirksame Kontrolle fürchten zu müssen.

Noch ein Wort von der Vorbeugung: das Armengesetz bezeichnet als Aufgabe der öffentlichen Armenpflege auch, „der Verarmung entgegenzuwirken." Die Erfüllung dieser Aufgabe ist aber nicht erzwingbar. Tatsächlich wird die Vorbeugung auf dem Lande selten geübt. Meist wird nur geleistet, was im Augenblick unbedingt notwendig ist, und ängstlich vermieden, die Gegenwart mit einer einmaligen größeren Ausgabe zu belasten, mag auch mit Sicherheit vorauszusehen sein, daß die Zukunft dann um so nachhaltiger beschwert sein wird.

III.

Welches sind die Ursachen dieser Erscheinungen?

Hier und da wird versucht, die teilweise Unzulänglichkeit der ländlichen Armenpflege mit einer gewissen persönlichen Härte der ländlichen Bevölkerung zu erklären. Allerdings: der Bauer ist streng gegen sich selber und darum auch streng gegen andere, und wenn er auf die Mühen und Entbehrungen seines eigenen Lebens blickt, so mag es ihm schwer fallen, dem selbstverschuldet in Not Geratenen öffentliche Hilfe zu gewähren. Aber ohne scharfes Anfassen würde die ländliche Armenpflege noch überlasteter, die Scheu vor öffentlicher Armenunterstützung noch geringer sein als jetzt. Im übrigen mag allerdings die Furcht vor der Verantwortung, vor dem kritischen Urteil der Gemeindegenossen, mag die enge Berührung, in der die Gemeindeglieder auf dem Lande untereinander stehen, dann und wann der Anlaß zu übertriebener Sparsamkeit sein. Aber mit alledem wird doch nur ein sehr geringer Teil der Unzuträglichkeiten erklärt, die ich mir anzudeuten erlaubte.

Wer sie vollständig ergründen will, muß vielmehr von der Rechtsordnung ausgehen und die Wirkungen prüfen, welche sie im Zusammenhalt mit den Veränderungen des Wirtschaftslebens auf die tatsächliche Gestaltung des bayerischen Armenwesens äußert.

Als Hauptursache wird er dann die Verknüpfung der Armenunterstützungspflicht mit dem Heimatrecht und die Schwierigkeit des Heimatwechsels erkennen.

Das Heimatprinzip nimmt auf räumliche Verschiebungen der Bevölkerung keine Rücksicht. Treten solche Verschiebungen gleichwohl ein, so kommt es zu einem Zwiespalt zwischen den tatsächlichen und den rechtlichen Verhältnissen. Auch in Bayern sind solche räumliche Umschichtungen der Bevölkerung erfolgt und erfolgen täglich.

Die Seßhaftigkeit der Bevölkerung läßt sich an dem Grade messen, in welchem die Menschen in ihrer Geburtsgemeinde verbleiben, an der Gemeindegebürtigkeit. Es waren von der ortsanwesenden Bevölkerung Bayerns geboren:

	innerhalb	außerhalb
	der Aufenthaltsgemeinde	
1871	64,3 %	35,7 %
1900	56,5 %	43,5 %
1907	57,5 %	42,5 %

d. h. weit mehr als ein Drittel der Gesamtbevölkerung Bayerns hielt sich in einer anderen als der Geburtsgemeinde auf, war gewandert.

Die Wanderungen bewegen sich in der Hauptsache vom Lande nach der Stadt. So zeigt sich, wenn man die ortsanwesende Bevölkerung Münchens und Nürnbergs zergliedert, folgendes Bild:

Von der ortsanwesenden Bevölkerung waren geboren

	in München	im übrigen Bayern	außerhalb Bayerns
München			
1900	36,1 %	52,2 %	11,7 %
1907	40,5 %	47,9 %	11,6 %
Nürnberg	in Nürnberg		
1900	44,2 %	47,8 %	8,0 %
1907	46,9 %	44,9 %	8,2 %

Von der Gesamtbevölkerung Münchens im Jahre 1900 waren 8,2 % aus den unmittelbaren Städten, 43,6 % aus den Bezirksämtern Bayerns eingewandert. Ungefähr 12 % der Münchner Einwohnerschaft waren allein in Niederbayern, mehr als 8 % in der Oberpfalz geboren. In Nürnberg waren im Jahre 1900 8 % der Gesamtbevölkerung aus den unmittelbaren Städten, 39,8 % der Gesamtbevölkerung aus den Bezirksämtern Bayerns ausgewandert. Die Städte deckten ihren Bedarf an Menschen auf dem Lande.

Es liegt auf der Hand, daß diesem Auseinanderfallen von Wohnort und Geburtsort ein Auseinanderfallen von Wohnort und Heimatrecht zur Seite geht. Wer den Geburtsort verläßt, nimmt in der Regel das Heimatrecht mit sich. Das Heimatrecht begleitet die Abwandernden, begleitet vielfach noch die künftigen Geschlechter auf Jahrzehnte hinaus, begleitet sie auf allen Wanderungen, zu denen die Erwerbsarmut der Heimat, die moderne Gestaltung der Verkehrsmittel und des Arbeitsmarktes den Anlaß gibt. Die Personen, welche in einer Gemeinde heimatberechtigt sind, teilen sich in zwei Massen: die daheim und die draußen Wohnhaften, die seßhaft Gebliebenen und die Abgewanderten.

Im Jahre 1896 versuchte eine Novelle zum Heimatgesetz diese Entwicklung einzudämmen. Schon vorher hatte nach Ablauf einer bestimmten Frist und bei Erfüllung gewisser Voraussetzungen der Bayer, der sich nicht in seiner Heimatgemeinde, aber in einer anderen bayerischen Gemeinde aufhielt, Anspruch auf Verleihung der Heimat in seiner Aufenthaltsgemeinde.

Die Novelle von 1896 setzte die Ersitzfrist auf 4 und, falls nur ein Teil der für diese kürzere Frist vorgeschriebenen Erfordernisse erfüllt ist, auf 7 Jahre herab. Außerdem gab die Novelle — eine einschneidende Änderung — auch der bisherigen Heimatgemeinde des Berechtigten die Befugnis, für ihn, ja sogar gegen seinen Willen, den Heimatverleihungsanspruch zu erheben.

Sicherlich hat die Heimatnovelle von 1896 bedeutende Umwälzungen bewirkt. So pflegt auf Grund der Novelle jährlich die Stadt München an weit über 3000 Personen, die Stadt Nürnberg an erheblich mehr als 2000 Personen das Heimatrecht zu verleihen.

Trotzdem ist die Abhilfe nicht genügend. Die Erfordernisse, unter denen ein Anspruch auf Heimatverleihung entsteht, sind noch zu schwer. Außerdem bleibt es meist dem Zufall überlassen, ob die bisherige Heimatgemeinde überhaupt von der Möglichkeit erfährt, sich einer Person zu entledigen. Endlich versagt die Novelle gegenüber solchen Personen, die sich außerhalb Bayerns aufhalten — bei dem starken Wanderungsverlust Bayerns ein nicht zu unterschätzender Umstand.

Leider fehlt es vorläufig an Zahlenmaterial, das Aufschluß über das Verhältnis geben würde, in welchem die beiden Massen der Heimatberechtigten, die daheim und die draußen wohnhaften, zueinander stehen. Immerhin läßt sich, wenn auch mit aller Vorsicht, annehmen, daß auch jetzt noch in weiten Gegenden Bayerns, namentlich in Niederbayern und der Oberpfalz, nicht viel weniger als die Hälfte der dort Heimatberechtigten nicht mehr in der Heimatgemeinde wohnt.

Was ist die Folge? Die Folge ist zunächst die Belastung der ländlichen Heimatgemeinden mit der Fürsorge für abgewanderte und heimatentfremdete Personen und demgemäß eine ungerechte Verteilung der Armenlasten.

Die derzeitige Rechtsordnung erhält rechtliche Beziehungen zwischen den Gemeinden und den Menschen aufrecht, obwohl die tatsächlichen Beziehungen längst abgebrochen sind und für die gegenwärtige Generation vielleicht schon überhaupt nicht mehr bestanden haben. Die Heimatgemeinde hat von den Abgewanderten keinerlei Vorteile. Ihre Arbeit, ihre Steuerkraft und ihr Verdienst kommt anderen Gegenden zugute. Dagegen hat die Gemeinde alles Risiko, das aus dem Heimatrechte geboren wird. Sie muß den Heimatberechtigten übernehmen, wenn er aus Gemeinden, in denen er sein Leben verbracht, nach der Heimatgemeinde abgeschoben wird. Sie muß ihn unterstützen, mag er auch den Boden der Heimatgemeinde nie in seinem Leben betreten haben. Auf ungemessene Zeit hinaus müssen die Heimatgemeinden für Personen aufkommen, die der Heimat entfremdet sind. Familien, die längst verschollen sind, tauchen plötzlich wieder auf, um Dauerkostgänger einer Gemeinde zu werden, in der ihre Vorfahren einst ansässig waren.

Nehmen Sie ein paar Beispiele aus dem Leben:

Aus einer kleinen Gemeinde im Frankenlande wanderte in den sechziger Jahren ein Schneider nach Sachsen aus. Er heiratete dort eine sächsische Staatsangehörige. Sein Sohn, ein Barbier, in Sachsen geboren, gleichfalls mit einer Tochter des Landes verheiratet, erblindete im Jahre 1906. Vater und Sohn hatten die bayerische Staatsangehörigkeit nicht verloren. Der mittellose Blinde mußte von seiner fränkischen Heimatgemeinde übernommen werden, obwohl kein Glied der Familie mehr seit der Abwanderung des Vaters die Heimatgemeinde betreten hatte — nach mehr als vierzig Jahren äußerte das Heimatrecht plötzlich seine Wirkungen. Die Erinnerung an die bayerische Heimat war der Familie so in Vergessenheit geraten, daß der Blinde zu seiner Verehelichung nicht einmal das vorgeschriebene Verehelichungszeugnis des bayerischen Heimatbezirksamtes beigebracht hatte. Die Heimatgemeinde hat nun den im besten Alter stehenden Mann auf Lebenszeit zu unterhalten. Er ist bei einem Taglöhner untergebracht, da bis jetzt in keiner Anstalt Platz für ihn zu finden war.

Ein anderes Beispiel: Eine arme Gemeinde im nördlichen Bayern. Der karge Boden konnte die Bevölkerung nicht ernähren. Schon früh kam es zur Abwanderung. Ein großer Teil der Abgewanderten setzte sich in den Torfmooren Oberbayerns fest, ohne das Heimatrecht in der früheren Gemeinde verloren zu haben. So auch ein Torfarbeiter, der selber schon nicht mehr in der Gemeinde geboren ist, und dessen Vater schon in den fünfziger Jahren die Heimatgemeinde verließ. Er heiratete in Südbayern eine Frau, die eine uneheliche Tochter mit in die Ehe brachte. Nach bayerischem Rechte nimmt das uneheliche Kind an dem Heimatwechsel der Mutter auch dann teil, wenn es durch die Ehe der Mutter nicht legitimiert wird. So erwarb nun auch die Stieftochter in der fernen nordbayerischen Gemeinde die Heimat. Inzwischen ist die Stieftochter herangewachsen und brachte ebenfalls ein uneheliches Kind zur Welt, das mit seiner Geburt gleichfalls in der nordbayerischen Gemeinde heimatberechtigt wurde. Das Kind ist in der Nähe von München in Pflege gegeben, und die Heimatgemeinde bezahlt die Verpflegungskosten. Keine von diesen Personen hat je die Heimatgemeinde gesehen. Es ist nach menschlicher Voraussicht nicht anzunehmen, daß jemals einer der Beteiligten in andere als armenrechtliche Beziehungen zur Heimatgemeinde treten wird. Die Heimatgemeinde unterstützt in dem Kinde die dritte Generation, die nicht mehr in der Heimatgemeinde war, leistet Armenhilfe für gänzlich unbekannte Personen und in gänzlich unbekannte Gegenden.

Solche und ähnliche Fälle haben dazu geführt, daß viele unserer ländlichen Gemeinden mit Armenlasten verhältnismäßig stark beschwert, ja sogar über die Grenzen ihrer Leistungsfähigkeit hinaus in Anspruch genommen sind. Es betrug der Armenunterstützungsaufwand im Jahre 1907 in den Gemeinden

bis zu 2000 Einwohnern . . . 33,0 % des Steuersolls,
über 2000 „ . nur 24,3 % „ „ .

Verständlich genug daß die ländlichen Gemeinden, wo sie mit Armenlasten überbürdet sind, sich selber helfen. Nur der Schelm gibt mehr, als er hat. Wird Unmögliches verlangt, so beschränkt sich die Erfüllung von selbst auf das Mögliche.. Die Armenhilfe wird dann nicht mehr auf das Bedürfnis, sondern lediglich auf die vorhandenen Mittel zugeschnitten. Zuerst wird gewährt, was nicht vermieden werden kann: Anstaltspflegekosten und Kurkosten; mit dem Reste muß hausgehalten werden. Dabei werden dann häufig diejenigen verkürzt, die sich am wenigsten dagegen wehren können: die Kinder. Das Gesetz verlangt von den ländlichen Armenpflegen zuviel, nicht der Qualität, sondern der Quantität nach, nicht im einzelnen Falle, sondern durch die Häufung der Unterstützungsfälle, durch die Unbilligkeit der Lastenverteilung.

So werden auch die Versuche ländlicher Gemeinden begreiflich, die Armenlasten künstlich zu verschieben, um die Überbürdung fernzuhalten oder zu vermindern. Solche Versuche sind etwa: Verhinderung des Zuzugs oder — der ziemlich verbreitete — Abschub Zugewanderter durch Wohnungs- und Arbeitssperre; Aufdrängen von Unterstützungen — das bloße Beanspruchen genügt — zur Entwertung des bereits zurückgelegten Aufenthalts; Verehelichungsbeihilfen, um den Heimatwechsel einer unbequemen Frauensperson herbeizuführen; unrechtmäßige Inanspruchnahme von Leistungen der Arbeiterversicherung usw.

Unabhängig vom Willen der Heimatgemeinde treten noch weitere Wirkungen ein, welche gleichfalls auf die derzeitige Regelung der armenrechtlichen Zugehörigkeit zurückzuführen sind.

Zunächst die Verschleppung der Unterstützung. Die Heimatfeststellungsstreite, bei denen auf weite Zeiträume zurückgegriffen werden muß, Streite oft von jahrelanger Dauer, deren Entscheidung mit der zunehmenden Verwischung der tatsächlichen Unterlagen immer schwieriger wird, desgleichen viele Heimatsverleihungsstreitigkeiten, pflegen sich erst zu entspinnen, wenn die Notwendigkeit der Armenhilfe hervortritt. Der vorläufigen Fürsorge, die bis zur endgültigen Feststellung der Heimat gewährt wird, haften alle Mängel einer solchen Maßnahme an. Niemand will sie leisten, und wenn sie geleistet wird, legt sich die Gemeinde möglichste Zurückhaltung auf. Die Aufenthaltsgemeinde zögert mit der Hilfe — sie fürchtet das Ersatzverfahren mit seinem unsicheren Ausgang, und die übrigen Gemeinden wollen schon deshalb nicht eingreifen, weil sie aus der Ferne die Voraussetzungen für die Notwendigkeit der Armenhilfe nicht wohl prüfen können.

Diese Lösung der tatsächlichen Beziehungen zwischen der Heimatgemeinde und der Masse der draußen wohnhaften Heimatberechtigten darf als die schlimmste Folge der gegenwärtigen Rechtsordnung bezeichnet werden. Die Heimatgemeinde hat den Überblick über ihre abgewanderten, oft im Meere einer fernen Großstadt verschwundenen Angehörigen und über deren Verhältnisse verloren. Durch Meilen von ihnen getrennt, kann sie hier nicht dem Eintritte der Verarmung vorbeugen. Sie kann nicht individualisieren, sie kann hier nicht einmal die Voraussetzungen für Beginn und Fortdauer der Unterstützungsbedürftigkeit sorgsam genug prüfen. So erklärt es sich, warum die ländliche Armenpflege so selten nach einem bestimmten Plane arbeitet, warum so selten Kontrolle über den Unterstützungsempfänger geübt wird, und warum der einmal als hilfsbedürftig Anerkannte so selten wieder aus der Armenrechnung verschwindet. So erklärt sich vor allem auch vielfach die Ausbeutung der Armenpflege. Bei auswärts wohnhaften Personen ist die ländliche Armenpflege so gut wie ohne Einfluß auf Gestaltung und Höhe des Armenaufwands. Will die

Heimatgemeinde sich Einblick in die Verhältnisse ihrer auswärts wohnhaften Angehörigen verschaffen, so ist sie auf die Mitwirkung der Aufenthalts= gemeinde angewiesen, und die Aufenthaltsgemeinde ist wegen des drohenden Anspruchs auf Heimatverleihung im entgegengesetzten Interesse beteiligt wie die Heimatgemeinde. So ist die Heimatgemeinde der Möglichkeit beraubt, Art, Umfang und Verwendung der Unterstützung selber zu bestimmen. So= lange der Unterstützungsempfänger nicht heimkehrt, ist die ländliche Armen= pflege nicht mehr eine Beschäftigung mit Menschen und ihren Schicksalen, sondern nur noch eine Zahlungsoperation. Kehrt der Hilfsbedürftige aber heim, so stellen sich dann vielfach jene Unzuträglichkeiten ein, die sich aus den ungenügenden Unterkunftsverhältnissen in der Heimat und aus der Tat= sache ergeben, daß der „Heimgekehrte" in eine tatsächlich fremde Welt versetzt ist.

Dazu tritt dann ein psychologisches Moment. Der seßhaft ge= bliebene Teil der Bevölkerung sieht in den Abgewanderten nicht mehr die Gemeindegenossen. Er spürt demgemäß ihnen gegenüber menschliche Re= gungen weniger als gegenüber den daheim Verarmten, mit denen ihn viel= fache persönliche Beziehungen verknüpfen. Nur widerwillig und darum nur ungenügend leistet er eine Hilfe, zu der er sich nach seinem Rechtsempfinden nicht verpflichtet fühlt. In der Tat läßt sich häufig ein Unterschied auch in der materiellen Behandlung beider Gruppen von Armen bemerken. Diese Unterschiede werden noch verschärft durch das Mißtrauen des Landbewohners gegen die Angaben des Heimatentfremdeten und die technische Unmöglich= keit, sie auf ihre Richtigkeit zu prüfen.

Und eine psychologische Wirkung auch bei dem Armen selber: er ver= liert die Scham vor der Armenunterstützung, weil er den Menschen, welche die Unterstützung letzten Endes aus eigener Tasche zu begleichen haben, sehr oft nicht mehr persönlich gegenüber zu treten braucht. Niemand in seiner Umgebung weiß, daß er Armenunterstützung erhält. Würde der Unterstützungs= empfänger die Verhältnisse in seiner ländlichen Heimatgemeinde kennen, so würde er häufig genug sehen, daß dort Menschen für ihn zahlen müssen, denen es noch schlechter geht als ihm. Er würde dann sich schwerer dazu entschließen, nach Armenhilfe zu rufen und zäher um seine wirtschaftliche Selbständigkeit kämpfen.

Als zweite Ursache für die teilweise Unzulänglichkeit der ländlichen Armenpflege habe ich in den Leitsätzen die zu geringe Leistungsfähig= keit vieler ländlicher Heimatgemeinden angeführt.

Die Armenlast, welche die Gesetzgebung den ländlichen Gemeinden zu= weist, wird noch drückender dadurch, daß die Gemeinden vielfach nicht kräftig genug sind, um überhaupt Träger einer ausreichenden Armenpflege zu sein.

Von den 7992 politischen Gemeinden Bayerns haben

4906 = 61,4 % weniger als 500 Einwohner
2099 = 26,3 % zwischen 500—1000 Einwohner
511 = 12,3 % 1000 und mehr Einwohner.

Die Zahl der Zwerggemeinden unter 100 Einwohnern betrug 1905: 91 gegenüber 78 im Jahre 1855, war also in der Zunahme begriffen.

Zwischen 100 und 200 Einwohner hatten 1188 = 14,9%, zwischen 200 und 300: 1511 = 18,9% der Gemeinden — nicht alle, aber größtenteils leistungsschwache Gebilde. Sie müssen stets auf die unangenehmsten Überraschungen gefaßt sein, die ein in der Fremde verarmtes Gemeindeglied bringt. Ihr ganzer Finanzplan wird von einem einzigen unvorhergesehenen Unterstützungsfall über den Haufen geworfen, und es kommt vor, daß solche Gemeinden zur Deckung laufender Armenkosten Anleihen aufnehmen müssen.

Ein großer Teil dieser Kleingemeinden wird zudem durch Abwanderung geschwächt, welche ihnen die arbeits- und leistungsfähigen Elemente entzieht, während die noch nicht oder nicht mehr Arbeitsfähigen zurückbleiben. Im Zeitraume von 1855—1905 hatten 421 bayerische Gemeinden — fast ausnahmslos solche, die schon 1855 weniger als 1000 Einwohner hatten — um wenigstens 20% und bis hinauf zu 56% abgenommen. Zugleich ist das Steuersoll dieser Gemeinden durchweg nicht fortgeschritten, während gleichzeitig die Anforderungen an den Gemeindehaushalt gestiegen sind.

Wie gering die finanzielle Leistungsfähigkeit der kleineren Gemeinden ist, ergibt sich, wenn man sie nach dem Steuersoll gruppiert, das auf sie entfällt. Von den 4906 Gemeinden unter 500 Einwohnern hatten im Jahre 1907 ein Steuersoll aufzuweisen

unter 100 Mk.	—	Gemeinden
von 120 bis 200 Mk.	32 = 0,7%	„
„ 200 „ 300 „	107 = 2,2%	„
„ 300 „ 400 „	186 = 3,8%	„
„ 400 „ 500 „	285 = 5,8%	„
unter 500 Mk.	610 = 12,5%	„
von 500 bis 1000 „	1802 = 36,7%	„
über 1000 Mk.	2494 = 50,8%	„

Ins Praktische übersetzt: In nicht weniger als 610 Gemeinden des Königsreichs ist mindestens eine 100%ige Umlage erforderlich, um etwa einen einzigen Geisteskranken ein Jahr lang in der Irrenanstalt zu unterhalten.

Ein Beispiel: Eine Gemeinde im Oberfränkischen, mit nicht viel mehr als 200 Einwohnern, nur Kleingewerbetreibende und Fabrikarbeiter; Steuersoll: 150 Mk., Gemeindeflur: ganze 21 ha. Die reinen Gemeindeumlagen betrugen schon bisher 300%, die Armenlasten nahezu 900 Mk., wovon allerdings 500 Mk. durch Zuschüsse höherer Kommunalverbände gedeckt wurden. Nunmehr werden die Armenlasten durch einen einzigen Unterstützungsfall plötzlich noch um weitere 260% hinaufschnellen, falls nicht die höheren Kommunalverbände noch ausgiebiger eingreifen als bisher. Ein schon in den 80er Jahren nach Thüringen abgewanderter Heimatberechtigter ist dort gestorben und hat eine Witwe mit 7 Kindern im Alter von 1—11 Jahren mittellos zurückgelassen Die Gemeinde hat kein Armenhaus, kann die Familie daher nicht heimholen und muß wöchentlich 7,50 = 390 Mk. jährlich in einen fernen thüringischen Ort zahlen. Neue Armenlasten stehen in Aussicht. Die Mieter kündigen wegen der hohen Umlagen und wegen der zu raschen Wiederkehr der Turnusgänger die Wohnungen und verziehen in andere Gemeinden.

Wer wollte es solchen unglücklichen Gemeinden übelnehmen, wenn ihre Armenpflege nicht den gesetzlichen Anforderungen entspricht?

Rückhaltlos ist anzuerkennen, daß die bayerische Gesetzgebung das Los dieser kleinen wie überhaupt der mit Armenlasten überbürdeten Gemeinden durch eine sehr weitgehende Beteiligung der größeren Verbände erleichtert.

In Bayern bestehen zwei Arten höherer Kommunalverbände: Die Distrikte (= Amtsgerichtsbezirke) und die Kreise (= Regierungsbezirke).

In welchem Umfange helfen diese größeren Verbände mit, die Armenlasten zu tragen?

Die Pflichtaufgabe der Distriktsarmenpflege besteht in dreierlei: 1. Unterstützung der mit Armenlasten überbürdeten Gemeinden des Distrikts; 2. Unterhaltung der bereits bestehenden Distrikts-Wohltätigkeits- und Krankenanstalten; 3. Ansammlung und allmähliche Vermehrung eines besonderen Distriktsarmenfonds. Außerdem ist den distriktiven Armenpflegen als fakultative Aufgabe die Errichtung von neuen Distriktsarmenhäusern, Beschäftigungsanstalten, Armenkolonien und Krankenhäusern, sowie von Distriktsanstalten zur Erziehung verwahrloster Kinder zugewiesen.

Die bayerische Armenstatistik gibt Aufschluß über den Umfang, in welchem die Distrikte diesen Aufgaben gerecht werden. Sie zeigt, daß die Distrikte durch Unterhaltung und Errichtung von Krankenanstalten eine sehr bemerkenswerte Fürsorge entwickeln, während allerdings die sonstigen Anstaltsarten zurückgeblieben sind.

Uns interessiert vor allem die Unterstützung der mit Armenlasten überbürdeten ländlichen Gemeinden durch die Distrikte. Nach dem Gesetz und den Vollzugsvorschriften ist eine Gemeinde als mit Armenlasten überbürdet dann zu erachten, wenn die Höhe der Armenumlagen im Zusammenhalt mit den sonstigen Gemeindeumlagen die Besorgnis rechtfertigt, daß ein erheblicher Teil der Umlagepflichtigen mit ihren Familien in der Befriedigung ihrer notwendigen Lebensbedürfnisse beeinträchtigt wird.

Auf Grund dieser Bestimmungen erhielten im Jahre 1907: 2069, somit etwa $1/4$ der sämtlichen mittelbaren Gemeinden Bayerns, von dem Distrikte Zuschüsse. Die Zuschüsse beliefen sich auf insgesamt 580 000 Mk. Die Zahl der unterstützten Gemeinden und die Gesamtsumme der Unterstützungen ist in stetem Steigen begriffen. Im Jahre 1907 wurden 6,8% der Gesamtausgaben der Armenpflegen mittelbarer Gemeinden und 8,5% des Unterstützungsaufwands dieser Armenpflegen aus Zuschüssen der Distrikte wegen Überbürdung gedeckt.

Erleichtert wird den Distrikten die Gewährung der Zuschüsse dadurch, daß ihnen der Aufwand von der Kreisgemeinde teilweise ersetzt werden muß, und zwar zu drei Vierteilen — soweit es sich bei den Zuschüssen um Anstaltskosten für Geisteskranke und Blöde handelt, zur Hälfte —, soweit es sich um Unterstützung wegen sonstiger Überbürdung handelt.

Auch im übrigen ist nicht zu vergessen, daß die Kreise zur Errichtung und Erhaltung von bestimmten Anstalten, die Armen zugute kommen, namentlich von Anstalten für Irre, Blöde und Taubstumme, sehr große Summen leisten, und hiedurch namhaft zur Entlastung der ländlichen Armenpflegen beitragen.

Die Beteiligung der größeren Verbände an den Armenlasten ist demgemäß in Bayern ziemlich weit fortgeschritten. Gleichwohl darf gesagt werden, daß das Subventionierungssystem in der Praxis doch nicht weit genug geht. Vor allem scheint, daß es in den einzelnen Gebietsteilen nicht gleichmäßig gehandhabt wird. Es gibt Distrikte, in denen nahezu jede Armenpflege mit einem Zuschuß bedacht ist, und andere, in denen trotz gleicher Verhältnisse alle Gemeinden leer ausgehen — manchmal die Folge gegenseitiger Verabredung der Gemeinden, die fürchten, übervorteilt zu werden. So schwankt das Verhältnis der Zuschüsse zum Unterstützungsaufwand der örtlichen Armenpflegen von 1,3 % in der Pfalz bis zu 16,5 % in der Oberpfalz. Einzelne Regierungsbezirke weisen eine stets steigende, andere eine fallende Tendenz auf. Die Zuschüsse sind von der jährlichen Neubewilligung durch den Distriktsrat und von der Genehmigung des Distriktsratsbeschlusses durch die Kreisregierung abhängig. Die örtlichen Armenpflegen können demgemäß nicht mit Sicherheit darauf rechnen, daß sie etwas und wieviel sie bekommen, und können ihre Finanzgebarung nicht darauf einrichten.

Die dritte Ursache der Unzulänglichkeit der ländlichen Armenpflegen:

„**Die Unmöglichkeit, gegen säumige Nährpflichtige, Trunksüchtige und Arbeitsscheue mit der notwendigen Schärfe vorzugehen.**"

Schon früher führte ich aus, daß es für die Armenpflege schwer ist, zu beurteilen, ob sie nicht durch unverschämte Arme ausgebeutet wird, ob bei auswärts Wohnhaften wirklich auch Hilfsbedürftigkeit vorliegt, und ob nicht die momentane Hilflosigkeit durch das Eingreifen solcher Personen beseitigt werden kann, die hiezu gesetzlich vor der Armenpflege verpflichtet sind.

Aber auch wenn die Armenpflege weiß, daß sie ausgebeutet wird, hat sie nicht die Handhabe, um sich erfolgreich zu wehren.

Ich möchte nicht wiederholen, was hierüber gestern gesagt wurde. Auch in den ländlichen Verhältnissen Bayerns werden die reichsgesetzlichen Strafbestimmungen mit ihrem verwickelten Tatbestand und ihrem niedrigen Strafrahmen als ungenügend empfunden. Auch in Bayern machen die tatsächlichen Hindernisse, welche dem Zugriffe auf den Arbeitslohn des Nährpflichtigen entgegenstehen, namentlich die Formalitäten gerichtlicher Mitwirkung bei der Pfändung des Arbeitslohnes, das Vorgehen gegen Unterhaltspflichtige so gut wie aussichtslos. Art. 6 Armenges. gibt zwar dem Bezirksamt das Recht, auf Antrag der Armenpflege Provisionalbescheid gegen den Nährpflichtigen zu erlassen. Allein der Provisionalbescheid ist richterlicher Abänderung zugänglich. Ferner genießt die Armenpflege bei ihrem Ersatzanspruch nicht die Zwangsvollstreckungsvorrechte, welche dem Unterstützten zustehen würden, hätte er selbst den Unterhalt gefordert. Endlich spielt auch hier die Schwierigkeit, Einkommen oder Besitz des Unterhaltspflichtigen für den Unterhaltsberechtigten wirklich flüssig zu machen, eine große Rolle.

Ein kurzes Wort über den Arbeitszwang. Art. 7 II A.G. verpflichtet den Empfänger öffentlicher Armenunterstützung, sich nach Anordnung der öffentlichen Armenpflege zu einer seinen Kräften angemessenen Arbeit innerhalb oder außerhalb einer Beschäftigungsanstalt verwenden zu lassen. Dieser Ansatz zum Arbeitszwang wird bei den ländlichen Armenpflegen so gut wie nie praktisch, schon deswegen nicht, weil keine Anstalten da sind, in denen der Zwang durchgeführt werden könnte, und weil die in Frage kommenden Personen meist auswärts wohnen, also dem Machtbereiche der zum Eingriffe berechtigten Armenpflege tatsächlich entrückt sind.

IV.

Nun zur letzten Frage: **Wie ist zu helfen?**

Ich möchte nicht bei den **kleineren Mitteln** verweilen, von denen eine Besserung erhofft werden könnte. Solche wären in verschiedener Form denkbar, etwa: Dispositionsfonds zur Verfügung des Bezirksamts für Notfälle, Zwang der Armenpflegen zur Rücklage eines Reservefonds, obligatorische Krankenhausversicherung für Arme, Wirtshausverbot für Trunksüchtige usw.

Vielmehr gleich zu den **Kernpunkten der Reform**:

1. Im Vordergrund steht die Frage nach einer anderweitigen **Regelung der armenrechtlichen Zugehörigkeit**. Das bayerische Heimat- und Armenrecht will schon seit den achtziger Jahren nicht mehr zur Ruhe kommen. Novelle folgte auf Novelle, und kaum eine Landtagssession verging, die nicht lebhafte Auseinandersetzungen über das Heimat- und Armenwesen gebracht hätte.

In der letzten Session beschäftigte sich die Kammer wiederum mit Reformanträgen. Den Mittelpunkt der Erörterungen bildete ein Antrag des Abgeordneten **Ohligmacher**. Dieser wünschte die Vorlage eines Gesetzentwurfes u. a. dahin, daß bayerische Staatsangehörige „nach 1jähriger ununterbrochener Abwesenheit von ihrer Heimatgemeinde die Unterstützungsberechtigung daselbst verlieren sollten" — mit andern Worten: den Ersatz des Heimatprinzips durch das Prinzip des Unterstützungswohnsitzes. Der Antrag führte zu dem Beschluß, Erhebungen über die Wirkungen der derzeitigen Gesetzeslage zu fordern. Diese Erhebungen werden gegenwärtig durchgeführt.

Überall in Bayern herrscht wohl die Überzeugung, daß eine **gründliche Reform** der Gesetzgebung notwendig ist. Sogar die Städte, die bei einer Neuordnung der Dinge auf jeden Fall Opfer bringen müssen, sträuben sich nicht dagegen.

Allenthalben besteht auch Klarheit darüber, daß die Gesetzgebung noch näher an den **Grundsatz des letzten Aufenthalts** heranrücken muß.

Auf welche Weise dies freilich geschehen soll, darüber sind die Meinungen bis zur Stunde noch wenig geklärt.

Die einen wollen **Beibehaltung des Heimatprinzips**, aber weitere Erleichterungen im Erwerbe des Heimatrechtes, etwa durch Verkürzung der Ersitzfrist für Heimatverleihungen, Herabminderung der sonstigen Erfordernisse für den Anspruch auf Heimatverleihung, z. B. Verzicht auf das

Erfordernis der Steuerentrichtung, Eintritt des Heimaterwerbs nach Ablauf der Ersatzfrist kraft Gesetz ohne besondere Verleihung usw.

Dieser Richtung stehen diejenigen gegenüber, welche das Heimatprinzip über Bord werfen und ins Lager des Unterstützungswohnsitzes übergehen möchten, sei es durch glatte Annahme des Reichsgesetzes über den Unterstützungswohnsitz in seiner jetzigen Gestalt, sei es durch ein Landesgesetz, das den Unterstützungswohnsitz im Prinzip für Bayern einführt, aber in Einzelheiten vom Reichsgesetz abweicht.

Am besten wird es wohl sein, zunächst das Ergebnis abzuwarten, welches die im Laufe befindlichen Erhebungen über die Folgen der jetzigen Rechtslage zutage fördern werden. Erst wenn dieses Ergebnis vorliegt, wird ein Urteil darüber möglich sein, ob das Heimatgesetz mit Aussicht auf dauernden Erfolg noch abgeändert werden kann.

Eine noch wertvollere Grundlage für die Bildung unseres Urteils hoffen wir aus den heutigen Verhandlungen zu gewinnen, soweit sie das Geltungsgebiet des Unterstützungswohnsitzes berühren. Mit besonderer Aufmerksamkeit werden wir Bayern ihnen folgen, um uns über die Zustände im Bereich des Unterstützungswohnsitzes zu unterrichten, die uns aus eigener Anschauung weniger bekannt sind, vor allem über das praktische Verhältnis von Unterstützungswohnsitz und Freizügigkeit und über das Landarmenwesen. Am Vorabende der Reform begrüßen wir die Gelegenheit hiezu mit doppeltem Dank.

Ob Unterstützungswohnsitz oder Heimat zum Siege gelangen, auf jeden Fall wird die Beteiligung der größeren Verbände an den Armenlasten nicht bloß aufrechtzuerhalten, sondern noch zu erweitern sein. Je mehr sich die Überzeugung vertieft, daß die Armenhilfe eine Pflicht der Allgemeinheit ist, desto lebhafter das Streben, die Armenpflege ihres rein örtlichen Gewandes zu entkleiden und zur Angelegenheit weiterer Kreise zu machen, die qualitativ und quantitativ leistungsfähiger sind. Wo die individuelle Würdigung eine größere Rolle spielt, wo Kenntnis des Hilfsbedürftigen selbst und seiner Umgebung notwendig ist, um Art und Umfang der Unterstützung zu bestimmen, ist es allerdings nach wie vor zweckmäßig, die örtliche Gemeinde mit dem Bewilligen der Unterstützung, dann aber auch mit dem Aufbringen der Mittel zu befassen. Daneben gibt es jedoch weite Gebiete der Hilfsbedürftigkeit, wo die Fürsorge mehr zur Technik wird. In solchen Fällen empfiehlt sich die unmittelbare Übernahme der Lasten auf größere Verbände und der Bruch mit dem Subventionierungssystem. Je klarer und einfacher die Aufgaben zwischen den einzelnen Trägern der Armenunterstützungspflicht abgegrenzt werden, desto leichter ist die Bilanzierung des Haushaltes, und je breiter die Schultern, welche die Armenlast zu tragen haben, desto geringer ihr Druck.

Welche Lasten im einzelnen auf größere Verbände zu übernehmen sind, ist lediglich eine Frage der Zweckmäßigkeit, nicht des Grundsatzes.

Aus praktischen Gesichtspunkten würde es sich empfehlen, an die bereits vorhandenen Ansätze anzuknüpfen. Da wir in Bayern zwei Arten höherer Verbände haben, so ergibt es sich von selbst, daß jede dieser beiden Arten an der unmittelbaren Übernahme der Speziallasten beteiligt wird. Je leichter das Kriterium des Eingreifens feststellbar ist, und je größere finanzielle Leistungsfähigkeit das Eingreifen voraussetzt, desto mehr wird sich die Unterstützungsform zur Übernahme auf den höheren Verband eignen, und je geringer der Grad ist, in welchem diese Voraussetzungen vorliegen, desto mehr zur Übernahme auf den unteren Verband. Praktisch würde die Sache darauf hinauslaufen, daß jeder Verband nicht bloß den allgemeinen Bau- und Verwaltungsaufwand für die Anstalten zu tragen hätte, die er bisher schon errichtet hat, sondern auch die Verpflegungskosten.

Grundsätzlich müßten aber die örtlichen Armenpflegen, soweit sie an und für sich unterstützungspflichtig wären, zur Quotenbeteiligung an den Individualkosten herangezogen werden. Das Interesse der örtlichen Gemeinden an einer nicht allzu großen Steigerung des Aufwandes muß wach erhalten bleiben, falls nicht Mißbräuche stattfinden sollen.

Wenn ich für die Verteilung der Lasten auf die einzelnen Verbände einen unmaßgeblichen Vorschlag machen darf, so würden sich etwa eignen zur Übernahme

1. durch den Kreis:

Anstaltspflege für Geisteskranke, Blöde, Epileptische, Blinde, Taubstumme, Krüppelhafte, Sieche;

2. durch den Distrikt:

Kinderfürsorge, Verpflegung von Wanderarmen (und zwar unter bestimmten Voraussetzungen ohne Rückersatz), Versorgung alter und erwerbsunfähiger Personen in Armenhäusern, vielleicht auch Krankenhauspflege Heilbarer.

Der dritte Vorschlag ist:

„schärfere Maßnahmen gegen die Ausbeutung der Armenpflege".

Die gestrigen Verhandlungen über Zwangsmaßregeln gegen Arbeitsscheue und säumige Nährpflichtige haben die Wege gezeigt, auf welchen die Lösung dieser Frage möglich ist. Ob sie durch den polizeilichen Arbeitszwang oder durch richterliche Überweisung in das Arbeitshaus oder vielleicht durch eine Kombination beider Maßnahmen geschehen soll, mag heute nicht nochmals erörtert werden. Daß auf dem einen oder dem anderen Wege etwas geschehen muß, darüber herrscht wohl Übereinstimmung.

Hiezu müßte aber treten eine scharfe Aufsicht über die örtliche Armenpflege und die Unterstützten. Eine Aufsicht, die nicht bloß darüber zu wachen hätte, daß die Armenpflege genug, sondern auch darüber, daß sie nicht zu viel gibt. Die gemeindlichen Organe sind vielfach zu schwach und nicht im Besitz der nötigen Machtmittel gegen unverschämte Arme. Nur das Schwert des Staates ist eine wirksame Waffe gegen Mißbrauch der Armenpflege.

Der vierte Vorschlag will der Leistungsunfähigkeit unserer untersten Verbände zu Leibe rücken.

Gebilde, die nicht leistungsfähig sind, dürfen nicht Träger der Armenpflege sein.

Auf freiwilligen Zusammenschluß solcher kleinerer Gemeinden mit anderen zu Gesamtarmenverbänden darf keine Hoffnung gesetzt werden. Die Furcht vor der societas leonina, vor einer Vereinigung, bei welcher nur ein Teil gewinnt, ist in ländlichen Kreisen so groß, daß auf diesem Wege kaum etwas Nennenswertes erreicht werden wird.

Die zwangsweise Bildung von Gesamtarmenverbänden, die Zusammenlegung mehrerer politischer Gemeinden lediglich zum Zwecke der gemeinsamen Tragung der Armenlasten, ist für Bayern nicht zu empfehlen. Es würde dadurch noch eine dritte Kategorie von höheren Kommunalverbänden geschaffen und der Verwaltungsapparat zu sehr kompliziert. Zudem sind die Distriktsgemeinden vielfach ohnedies zu klein.

Vielmehr scheint es, daß die zweckmäßigste Lösung auf dem Boden der Gemeindegesetzgebung überhaupt liegt. Die Voraussetzungen, unter denen mehrere Gemeinden freiwillig ineinander aufgehen können, müßten erleichtert, und es müßte wohl auch ein gewisser Zwang zur Zusammenlegung vorgesehen werden.

Alle Maßnahmen aber dürfen das eine nicht außer acht lassen, daß es Aufgabe jeder Armenpflege nicht bloß ist, Hilfsbedürftige zu unterstützen, sondern vor allem der Armut vorzubeugen. So kann denn auch nicht klar genug betont werden, wie notwendig eine planmäßige Bekämpfung der Armutsursachen durch die öffentlichen Gewalten ist: Schaffung von Arbeitsgelegenheit, Industrialisierung des Landes, zweckmäßige Verteilung der Arbeitskräfte über das Land, Dezentralisierung der Industrie, Überführung von Lohnarbeitern — gewerblichen wie landwirtschaftlichen — in die Reihe der Besitzenden, Ausbau der Arbeitsnachweise, Jugendfürsorge im weitesten Sinne, Fortbildungsschulen und Haushaltungsunterricht, Kampf gegen die Volkskrankheiten — das alles sind Fragen, die mehr oder minder auch in die Armenpolitik hinüberspielen. Werden sie glücklich gelöst, so wird der Armenaufwand von selber sinken und in dem Maße seines Sinkens frei werden für produktive Zwecke. Indessen — wenn ich die Leitsätze meiner Herren Mitberichterstatter recht gelesen habe, so wird diese Seite des Problems Herr Geheimrat Kapp schärfer herausarbeiten.

(Stürmischer langanhaltender Beifall.)

Berichterstatter, Generallandschaftsdirektor, Geheimer Oberregierungsrat Dr. Kapp-Königsberg i. P.: Hochansehnliche Versammlung, meine Damen und Herren! Soweit der Staat und seine Organe auf dem Gebiete des Armenwesens es sich zur Aufgabe machen, hilfsbedürftigen, der öffentlichen Fürsorgepflicht anheimfallenden Personen die erforderliche Unterstützung durch Gewährung der unentbehrlichen Lebensbedürfnisse zu teil werden zu lassen, stellen sich die zu diesem Zweck ergriffenen Maßregeln als repressive Verwaltungstätigkeit dar. Diese auf Bekämpfung eingetretener Armut gerichtete Tätigkeit umfaßt das eigentliche Gebiet der öffentlichen Armenpflege, und wenn ich in dieser erlesenen Versammlung von Sachverständigen berichten soll über die öffentliche Armenpflege auf dem Lande in meiner Heimatsprovinz Ostpreußen, so ist es meine nächste Aufgabe, mich über den Zustand der dortigen repressiven Armenpflege zu äußern.

Was nun die Güte der Armenpflege angeht, so sind die Verhältnisse bei uns nicht so grundverschieden, als man vielleicht geneigt ist, in West-

Mittel- und Süddeutschland von vornherein anzunehmen. Die Leistungen der ländlichen Armenpflege im Osten der preußischen Monarchie und speziell in der Provinz Ostpreußen stehen nicht zurück hinter denen anderer Landesteile. Der Aufschwung, den Deutschland seit 1870/71 genommen hat, die im letzten Vierteljahrhundert auf Grund der sozialpolitischen Gesetzgebung entwickelte vorbeugende Tätigkeit, die gerade den besitzlosen, auf ihrer Hände Arbeit angewiesenen Volksklassen zu gute kommt, ist hier wie wohl überall auf dem Gebiete des Armenwesens von tiefgreifendem und wohltätigem Einfluß gewesen. Zur Würdigung dieser Bedeutung unserer sozialpolitischen Gesetzgebung und ihrer Leistungen braucht, was insbesondere die Provinz Ostpreußen angeht, nur daran erinnert zu werden, daß im Jahre 1907 auf Anweisung der Versicherungsanstalt Ostpreußen allein an Invalidenrente rund 5,9 Millionen und an Altersrente rund 0,7 Millionen, zusammen also etwa 6,6 Millionen Mark und von der Ostpreußischen landwirtschaftlichen Berufsgenossenschaft allein an Renten an Verletzte und deren Hinterbliebene rund 1,2 Millionen Mark gezahlt worden sind. Gewiß auch bei uns gibt es genug Mißstände, die denjenigen gleichen, wie sie anderwärts beobachtet werden, und deren Bekämpfung im hohen Maße wünschenswert ist. Im allgemeinen darf jedoch gesagt werden, daß die tatsächliche Gestaltung der ländlichen Armenpflege in der Provinz Ostpreußen mit den gesetzlichen Anforderungen im Einklang steht und den billiger Weise zu stellenden Ansprüchen genügt. Natürlich sind die Abstufungen innerhalb der fast ausschließlich Landwirtschaft treibenden Provinz sehr verschieden, je nachdem die Gegend, um die es sich handelt, reich oder arm ist. Die armenrechtlichen Verhältnisse der masurischen Kreise des Regierungsbezirks Allenstein sind infolgedessen weniger günstig als diejenigen der mit besseren Böden ausgestatteten Kreise der Regierungsbezirke Königsberg und Gumbinnen. Dieser Unterschied zwischen landwirtschaftlich reichen und armen Gegenden tritt besonders deutlich hervor, sobald die an die öffentliche Armenpflege zu stellenden Anforderungen, wie bei der Krankenpflege und ärztlichen Versorgung von Ortsarmen, das übliche Durchschnittsmaß überschreiten. Die Zulänglichkeit der gewährten Armenunterstützungen darf insbesondere für die größeren Güter behauptet werden, deren Besitzer schon ihrer Bildung und sozialen Stellung nach sich den aus der örtlichen Armenpflege ihnen erwachsenden Pflichten nicht zu entziehen pflegen. In der Provinz Ostpreußen entfallen auf Güter von 100 Hektar Größe und darüber volle 43 % des Gesamtgrundbesitzes, während dieser Anteil sich im Durchschnitt der Monarchie nur auf rund 28 % beläuft. Die Voraussetzungen für eine ausreichende örtliche Armenpflege liegen also fast für die Hälfte der räumlichen Ausdehnung der Provinz Ostpreußen günstig.

Auf den Gütern nimmt die Naturalarmenpflege einen breiten Raum ein. Sie besteht in der Gewährung von Wohnung, Kartoffel- und Gartenland, Getreide, Milch, Brennmaterial und dergleichen mehr. Gewöhnlich wird zur Beschaffung von Kleidung neben der Naturalunterstützung noch etwas bar Geld monatlich gegeben. Fast in allen Fällen findet der Unterstützte in der eigenen Familie oder bei Verwandten Aufnahme. Alleinstehende Personen suchen anderen Anschluß. Es kommt auch vor, daß alte

Frauen im herrschaftlichen Haushalt noch mit helfen und mit ernährt werden. Regel ist es, daß alte Leute bei ihren Kindern wohnen, und diese dann vom Gut die nötigen Nahrungsmittel, auch Geld erhalten. Es gibt unzählige Kombinationen, wie auf den Gütern die Armenpflege gehandhabt wird. Auf großen alten Gütern, die sich lange im Besitz einer Familie befinden, mit einem alten Stamm von Arbeitern, sind es oft ganz bestimmte im voraus normierte Bezüge, in welche die Alten einrücken, wenn sie unterstützungsbedürftig werden. Die Leistungen werden vielfach gewährt ohne Rücksicht auf etwa bezogene Alters- und Invalidenrenten. Mit der Mobilisierung des Grundbesitzes infolge der steigenden Güterpreise, die in Ostpreußen gerade in letzter Zeit zu beobachten ist, erfahren mit dem häufigen Wechsel von Besitzern und Leuten allerdings auch diese günstigen Verhältnisse eine gewisse Lockerung. Doch kommt es kaum vor, daß Gutsbesitzer zu ihrer Fürsorgepflicht zwangsweise angehalten werden müssen. Häufiger sind die Fälle, daß Gutsarbeiter mit ungerechtfertigten Unterstützungsansprüchen hervortreten. Das Bestreben der Arbeiterbevölkerung, aus irgend welchen öffentlichen Mitteln einen Zuschuß zu erlangen, ist infolge einer wenig erfreulichen Nebenwirkung der sozial-politischen Gesetzgebung so allgemein ausgebildet, daß überall Ansprüche gestellt werden, wo nur Aussicht auf Erfolg vorhanden ist.

Auch in den Landgemeinden dürften Fälle, in denen trotz vorhandener Hilfsbedürftigkeit die erforderliche Unterstützung nicht gewährt wird, kaum vorkommen. Für die der Gemeinde von alters her oder doch seit längerer Zeit angehörigen Personen tritt die nötige Fürsorge ohne weiteres ein, mag es sich nun um vorübergehende oder dauernde Hilfsbedürftigkeit handeln. Unständige Personen werden dagegen gern abgeschoben. In Ostpreußen bildet bekanntlich jeder Stadt- und Landkreis einen besonderen Landarmenverband. Daß es sich bei den Armensachen des Kreisausschusses in der Hauptsache um Kreisarme handelt, dagegen selten um Festsetzungen der Höhe der zu gewährenden Unterstützung, ist ein Zeichen dafür, daß die Hilfsbedürftigen im allgemeinen von den Gemeinden genügend unterstützt werden. Eine zwangsweise Anhaltung der Landgemeinden wird namentlich in den Fällen erforderlich, wo sie als vorläufig verpflichteter Armenverband in Anspruch genommen werden. Es will den Gemeinden nicht einleuchten, daß sie für Kosten aufzukommen haben, die ein anderer Armenverband endgültig zu tragen verpflichtet ist. Es muß auch anerkannt werden, daß es für die Gemeinden oft schwierig ist, den endgültig verpflichteten Armenverband zu ermitteln und zur Erstattung der gemachten Aufwendungen anzuhalten. Ebenso wird die Unterstützung häufig verweigert, wenn die erwachsenen Söhne und Töchter der hilfsbedürftigen Familie nach dem Westen abgewandert sind und sich ihrer Unterstützungspflicht entziehen. Die Fälle mehren sich, wie mir aus einem Kreise mitgeteilt wird, daß Familienväter ihre ganze Familie im Stich lassen und nach dem Westen abwandern, während die Familie der Armenpflege der Heimatsgemeinde anheimfällt. Nicht selten kommt es vor, daß Mädchen unter Zurücklassung unehelicher Kinder nach dem Westen gehen und sich dort verheiraten, während die Kinder im Wege der Armenpflege in der ostpreußischen Gemeinde erzogen werden müssen. Vielen Ortsarmenverbänden entstehen auf diese Art sehr erhebliche Aufwendungen, die, wie es in der Natur der Sache liegt, nicht gerade freudig übernommen werden. Die Versuche, die Abgewanderten im Beschlußverfahren zur Unterstützung ihrer Angehörigen heranzuziehen, verursachen viele Ungelegenheiten. Sie sind in den meisten Fällen ohne Erfolg. Die Ermittelung des Wohnsitzes der Verpflichteten nimmt Zeit und Arbeit in Anspruch, namentlich bei dem häufigen Wohnortswechsel der Arbeiterbevölkerung im Westen. Ist schließlich ein verurteilender Beschluß des westlichen Kreisausschusses erzielt, so ist die Durchführung nicht möglich, da inzwischen der Verpflichtete seine Arbeitsstelle gewechselt hat. Auch wird darüber geklagt, daß die Behörden des Westens bei derartigen Requisitionen ostpreußischer Armenverbände eine nicht immer gerade entgegenkommende Haltung zeigen. Gewöhnlich erfolgt auf solche Ermittelungsgesuche die Antwort „der P. P. ist nach X verzogen". Die Heimatsbehörde hat dann die Jagd nach dem Verpflichteten von neuem zu beginnen, wenn es nicht vorgezogen wird, die weitere Verfolgung überhaupt aufzugeben. Oft verschwinden diejenigen, bei denen die Heranziehung glücklich gelungen ist, hinterher spurlos.

Die Armenunterstützung auf dem Lande ist in Ostpreußen regelmäßig eine ergänzende und nur ausnahmsweise auf Gewährung des vollen Unterhalts gerichtet. Die bewilligten Unterstützungen stellen sich meist nur als Beihilfen dar, deren Höhe und Beschaffenheit sich nach Lage des einzelnen Falles richten. So reicht in vielen Fällen die Gewährung freier Wohnung aus, um einem nicht mehr voll Erwerbsfähigen die Existenz zu ermöglichen. In anderen Fällen genügt $1/2$ Scheffel Roggen monatlich als Beitrag zum Haushalt der Familie, in der der Hilfsbedürftige Unterkunft gefunden hat. Von diesem Gesichtspunkte betrachtet, sind auch zahlreiche an Witwen und Mütter mit unehelichen Kindern in Höhe von 3—6 Mark für ein Kind gewährten Unterstützungen, wie überhaupt Unterstützungen von 3—6 Mark pro Monat, die von den Kreisen in ihrer Eigenschaft als Landarmenverbände geleistet werden, nur als Beihilfen anzusehen. Es würde zu falschen Schlüssen führen, wollte man allein aus der Höhe dieser Beträge die Frage entscheiden, ob die Unterstützung als ausreichend angesehen werden darf. Sehr oft bewilligen die Kreise an Landarme kleine Unterstützungen, um die Unterstützungspflicht des Kreises nach außen hin zum Ausdruck zu bringen und dadurch den Armen die Möglichkeit zu sichern, beliebig zu verziehen, ohne daß sie Gefahr laufen, wegen drohender Hilfsbedürftigkeit zurückgewiesen zu werden.

Die Zahl derjenigen Personen, die voll unterstützt werden müssen, also gänzlich erwerbsunfähig sind, ist verhältnismäßig nur sehr klein. Bei der herrschenden Leutenot sind selbst Personen, die in ihrer Arbeitsfähigkeit stark beschränkt sind, zur Hilfeleistung im Haushalt und zur Verrichtung leichterer landwirtschaftlicher Arbeiten sehr willkommen. Die vorhandenen voll leistungsfähigen Arbeitskräfte werden dadurch für die schwereren Bestellungs- und Erntearbeiten verfügbar. Die beschränkt arbeitsfähigen Personen pflegen infolgedessen eine Vergütung zu erhalten, die ungleich höher ist, als es ihrer Arbeitsleistung unter gewöhnlichen Umständen entsprechen würde. Überhaupt findet der Hilfsbedürftige auf dem Lande fast in jedem Falle die Möglichkeit, sich in einem ländlichen Haushalt durch Wartung von Kindern, Hilfeleistung in der Küche, Feld- und Gartenarbeiten, Beaufsichtigung und Pflege von Vieh, Schweinen, Federvieh und auf zahllose andere Weise nützlich zu machen. Fast überall bietet sich ihm die Möglichkeit, auf einem Stückchen Land Gemüse und Kartoffeln für seinen Bedarf zu bauen und durch eigene Arbeit zu seinem Unterhalt beizutragen. Auch diese Verhältnisse sind für die ländliche Armenpflege und die an sie herantretenden Anforderungen von großer Bedeutung. In Landgemeinden, wo bei Bemessung der Unterstützung die noch vorhandene Arbeitsfähigkeit entsprechend berücksichtigt wird, liegt auch das Streben, noch selbst etwas zu verdienen, in der Regel vor. Auf den Gütern dagegen tritt die Neigung der ehemaligen Arbeiter hervor, sich als „Staats- oder Gutspensionäre" zu fühlen, die zur Arbeit nicht mehr verpflichtet sind. Die Fälle sind hier häufiger, daß die Leute sich weigern, ihrer Fähigkeit noch entsprechende Arbeiten zu leisten.

In den bäuerlichen Gemeinden tritt aus nahe liegenden Gründen im Gegensatz zu den Gütern die Geldunterstützung immer mehr an die Stelle der Natural-Armenpflege, auch schon deshalb, weil sich diese in den Etats nicht recht unterbringen läßt, und ohne besondere Umstände zu machen, nur nach Umrechnung in Geld auf die Gemeindeglieder verteilt werden kann. Die Armenunterstützung in der rohen Form der Verpflegung im Reihenzuge ist dank dem energischen Eingreifen der Behörden so gut wie verschwunden. Sie kommt nur noch selten in ganz armen Gegenden vor, und auch hier wird seitens der Aufsichtsbehörden mit allem Nachdruck dagegen vorgegangen. Bei der Beurteilung der Leistungen der ländlichen Armenpflege darf im übrigen nicht außer acht gelassen werden, daß die Ansprüche des Landbewohners an Kleidung und Nahrung andere sind als bei den Städtern. Da ihm, abgesehen von den Fällen der geschlossenen Armenpflege, regelmäßig nur Geldunterstützungen gewährt werden, ist der städtische Ortsarme bei den in der Stadt sich bietenden Kaufgelegenheiten in der Lage, eine ungleich größere Abwechselung in seiner Beköstigung eintreten zu lassen, wie der Landbewohner. Er beansprucht diese auch, weil sie von ihm als Bedürfnis empfunden wird. Auf dem Lande dagegen sind es, abgesehen vom Kaffee, der ja heute zu den unentbehrlichen Lebensbedürfnissen gerechnet wird, die immer wiederkehrenden auf dem Lande selbst gewonnenen Erzeugnisse, wie Milch, Eier, Brot, Gemüse, Kartoffeln, die den Unterhalt des Unterstützungsbedürftigen bilden. Sie genügen ihm auch, da er solche Kost von klein auf gewöhnt ist, und seine Nahrung auch in besseren Tagen keine andere war. Auch bei der Befriedigung der Kleidungsbedürfnisse treten ähnliche Unterschiede zwischen Stadt und Land hervor. Die Kleidungsstücke des Landbewohners sind im allgemeinen einfacher und bescheidener, wie die des städtischen Arbeiters, der, dem Beispiele seiner Umgebung folgend, auch größeren Wert auf sein Äußeres legt. Stellen sich hiernach die Bedürfnisse der städtischen Ortsarmen von vorneherein als die größeren dar, so sind auch die Ansprüche, die an die Leistungen der öffentlichen Armenpflege erhoben werden, in der Stadt naturgemäß höhere, als in den einfacheren ländlichen Verhältnissen.

Die Hilfsbedürftigen auf dem Lande, die körperlich gesund sind, leiden hiernach in Ostpreußen im allgemeinen keine Not. Anders liegt aber die

Sache bei kranken und siechen, der Pflege bedürftigen Ortsarmen. Die Güter haben zwar in der Regel ihren fest verpflichteten Arzt, der auf Kosten der Gutsherrschaft nicht bloß die Arbeiter, sondern auch die Gutsarmen mit ärztlicher Behandlung versieht. Meist werden auch die Kosten für Arzneimittel vom Gutsherrn getragen, und seine weiblichen Familienangehörigen lassen sich die Pflege erkrankter Gutsarmer angelegen sein. In den Landgemeinden dagegen sind die von Krankheit und Siechtum heimgesuchten Unterstützungsbedürftigen, soweit sie nicht, was doch nur bei einer verschwindenden Zahl der Fall sein kann, in Anstalten Aufnahme finden, hinsichtlich ihrer Pflege und ärztlichen Behandlung recht mangelhaft versorgt. Fast überall fehlt es in den Dörfern an den erforderlichen Einrichtungen, die vorkommenden Falls eine ordnungsmäßige Krankenpflege überhaupt ermöglichen. Der Arzt wird vielfach nur einmal zu Beginn oder gegen Ende einer schweren Erkrankung geholt. Nur allzu oft ist es jedoch für den erkrankten Armen, sei es, daß er anerkannt hilfsbedürftig ist und unterstützt wird, sei es, daß er erst durch seine Erkrankung der öffentlichen Fürsorgepflicht anheimfällt, leider überhaupt unmöglich, die nötige ärztliche Hilfe zu erlangen. In zahlreichen Fällen scheitert die Zuziehung eines Arztes schon an der Schwierigkeit, daß der Erkrankte den Arzt nicht holen lassen kann, weil er niemanden hat, der ihm das bei den weiten Entfernungen auf dem Lande erforderliche Fuhrwerk stellt. Auf Zahlung eines Honorars angewiesen, entspricht der Arzt bei zahlungsunfähigen Patienten nicht selten nur gegen Vorausbezahlung oder Sicherstellung der Zahlung dem an ihn ergehenden Rufe. Unter diesen Umständen bleiben Ortsarme in Landgemeinden sehr häufig tatsächlich ohne ärztliche Hilfe. Die Gemeinde wird meistens gar nicht einmal darum angegangen, weil es doch nutzlos wäre. Der Gemeindevorsteher würde voraussichtlich erklären, er habe dazu kein Geld im Gemeindeetat, die Gemeinde müsse erst Beschluß fassen, im übrigen sei sie nicht verpflichtet, Fuhrwerk und Arzt zu bezahlen.

Auf dem Gebiet der Krankenpflege und ärztlichen Versorgung weist hiernach in der Tat die ländliche Armenpflege, wenigstens soweit es sich um Landgemeinden handelt, schwere Mängel auf, die, wie ich fürchte, sich keineswegs auf die Provinz Ostpreußen allein beschränken. Durch die in Aussicht genommene obligatorische Krankenversicherung der land- und forstwirtschaftlichen Arbeiter würde hier sicher eine Besserung eintreten, wenn es auch fraglich erscheint, ob es bei der Eigenart der ländlichen Verhältnisse nicht zweckmäßiger wäre, auf anderem Wege die hier allerdings unbedingt notwendige Remedur herbeizuführen.

Um den unleugbar bestehenden Mißständen entgegenzutreten, lassen sich die ostpreußischen Kreisverwaltungen die Förderung der Krankenpflege und der ärztlichen Versorgung neuerdings in erfreulichem Maße angelegen sein. In vielen Kreisen sind Kranken-, Armen- und Siechenhäuser geschaffen worden, um im Wege der geschlossenen Armenpflege dem hervortretenden Bedürfnis gerecht zu werden. Auch durch die Stationierung von Schwestern wird auf Initiative der Kreise eine ordnungsmäßige Krankenpflege besonders in den Landgemeinden in die Wege geleitet. Um ein Beispiel anzuführen, bewilligt der Kreis **Osterode i. Ostpr.** zur Unterhaltung von Gemeinde=

schwestern Beihilfen von jährlich je 240 Mark. Es soll hierdurch den 15 Frauenvereinen des Kreises, die in einem Kreisverein zusammengefaßt sind, die Haltung von Krankenpflegerinnen ermöglicht werden. Diese Unterstützung wird in zwölf Fällen für Barmherzige Schwestern geleistet. Außerdem gewährt' der Kreis zur Ausbildung von Landpflegerinnen, deren Anstellung bei dem Mangel an Barmherzigen Schwestern wünschenswert ist, im Kreiskrankenhaus freie Verpflegung und Ausbildung. Im Jahre 1908 sind neun solche Pflegerinnen ausgebildet und von den Frauenvereinen in Dienst gestellt worden. Die Krankenpflege auf dem Lande ist dadurch bedeutend gefördert worden. Außerdem unterstützt der Kreis in langwierigen und kostspieligen Krankheitsfällen die Gemeinden und Kranken noch aus anderen zur Verfügung stehenden Fonds. Auch finden alljährlich im Kreiskrankenhause Samariterkurse für Frauen statt, durch welche das Verständnis für die Krankenpflege in weitere Schichten der Kreisbevölkerung getragen wird. Ähnlich wie in Osterode wird auch in anderen Kreisen vorgegangen.

Diese Mitteilungen dürften genügen, um Ihnen, meine hochverehrten Damen und Herren, zunächst einen Überblick zu gewähren über die Handhabung der **repressiven** öffentlichen Armenpflege auf dem Lande in der Provinz Ostpreußen und die dabei in Betracht kommenden Verhältnisse. Nur kurz möchte ich noch in diesem Zusammenhange erwähnen, daß der außerordentlichen Armenpflege auf Grund des Preußischen Gesetzes vom 11. Juli 1891 durch die Organe der ostpreußischen Provinzialverwaltung in einem den gesetzlichen Anforderungen vollentsprechenden Umfange und in verständnisvoller sachgemäßer Würdigung dieses wichtigen Zweiges der öffentlichen Fürsorgepflicht genügt wird, ungeachtet der sehr starken im Vergleich zu anderen preußischen Provinzen unverhältnismäßig hohen finanziellen Belastung der Provinz, auf die ich noch näher zurückkommen werde. Die Fürsorge für die der öffentlichen Unterstützung und der Anstaltspflege bedürftigen Geisteskranken, Idioten, Epileptischen, Taubstummen und Blinden dürfen als voll befriedigend bezeichnet werden. Auf die Frage, inwieweit eine Ausdehnung der nach dem Preußischen Gesetz vom 11. Juli 1891 den Provinzialverbänden obliegenden außerordentlichen Fürsorgepflicht wünschenswert ist, will ich nicht eingehen. Wie aus den Ihnen gedruckt vorliegenden Leitsätzen hervorgeht, wird Herr Landesrat Dr. Drechsler-Hannover sich über diesen Punkt noch näher verbreiten.

Aber abgesehen von einer Erörterung der repressiven Armenpflege und ihrer Handhabung läßt der Gegenstand des Referats speziell vom Standpunkt der Provinz Ostpreußen noch eine andere Behandlung zu, die, wie ich persönlich annehmen möchte, gerade gegenwärtig von fast noch größerem Interesse ist, als jene andere Betrachtungsweise. Gerade im Osten der preußischen Monarchie, im sogenannten Ostelbien, und besonders in der Provinz Ostpreußen wird von den Armenverbänden lebhafte Klage geführt über die unter dem Einflusse der Freizügigkeit von Jahr zu Jahr steigende Überbürdung mit Armenlasten, werden die an die öffentliche Armenpflege gestellten wachsenden Ansprüche, wie sie nicht bloß durch die Forderungen einer höheren Kultur bedingt sind, als schwere immer unerträglicher werdende Last bezeichnet. Vor allem wird der Vorwurf erhoben, daß die östlichen

Heimatsgemeinden für die Unterstützung abgewanderter ländlicher Arbeiter und ihrer Angehörigen dem Westen, der ihnen die Arbeitskräfte entziehe und zu seinem wirtschaftlichen Nutzen verwende, noch Jahre lang verpflichtet bleiben, daß infolgedessen die Verteilung der Armenlasten keine gerechte sei, vielmehr entgegen dem Grundsatze der Wechselwirkung zwischen wirtschaftlicher Leistung und Unterstützungspflicht der arme Osten die Armenlast für die ungleich leistungsfähigeren Großstädte und Industriegebiete des Westens zu zahlen habe.

In der Tat werden im Osten der preußischen Monarchie die erhöhten Anforderungen an die ländliche öffentliche Armenpflege vornehmlich hervorgerufen durch die in den letzten Jahrzehnten sich fortgesetzt verstärkende Massenabwanderung der ländlichen Arbeiterbevölkerung nach den einen reichlicheren Verdienst und bessere Lebenshaltung versprechenden Städten und Industriegebieten. Unter Zurücklassung derjenigen Familienglieder, die alsbald oder doch in absehbarer Zeit der öffentlichen Fürsorgepflicht anheimfallen, entzieht diese Abwanderung dem platten Lande gerade die arbeitsfähigen Kräfte und die für ihre Erziehung gemachten Aufwendungen. Sie erhöht daher nicht nur die Armenlast, sondern vermindert zugleich die Leistungsfähigkeit der ländlichen Unterstützungswohnsitzgemeinden. Die in ihrer Steuerkraft oft infolge eines einzelnen Erstattungsfalles übermäßig angespannten kleineren ländlichen Gemeinden werden häufig außer stand gesetzt, ihren übrigen Aufgaben insbesondere auf dem Gebiete des Schulwesens und Wegebaues gerecht zu werden. Aber auch die Armenpflege selbst leidet unter solchen Verhältnissen und läuft Gefahr, in ihren Leistungen minderwertig zu werden. Es liegt eine große Härte darin, daß die nur zu oft mutwillig im Stich gelassene Heimatgemeinde die Armenfürsorge desjenigen zu tragen verpflichtet sein soll, der ihr den Rücken gekehrt hat, um sein Glück in der Ferne zu suchen, nachdem er mit den Seinen Schiffbruch gelitten hat. Erst hat die Gemeinde die Aufwendungen für die Erziehung des Abwandernden ohne Gegennutzen getragen, dann verläßt er sie, nachdem er arbeitsfähig geworden oder zum zahlungsfähigen Steuerzahler herangewachsen ist, und schwächt dadurch ihre Leistungsfähigkeit und schließlich verursacht er ihr noch obendrein große Armenkosten.

An die Stelle der überseeischen Auswanderung, die schon seit Jahrzehnten stark zurückgegangen und auch gegenwärtig im weiteren Sinken begriffen ist, ist die Binnenwanderung getreten, eine Bewegung der breiten Grundschichten unseres Landvolkes, die, wie behauptet worden ist, in der zweiten Hälfte des vorigen Jahrhunderts viel stärker war, als in den stärksten Phasen der Völkerwanderung. Obwohl in der Provinz Ostpreußen der Überschuß der Geburten über die Sterbefälle in den Jahren 1901—1905 über 6 vom Hundert der mittleren Bevölkerung betrug, hat die Provinz bei einer Volkszahl von rund 2 Millionen Köpfen in dem Zeitraum 1901/1905 88 754 Personen durch Abwanderung verloren. Da die in der Provinz vorhandenen Städte mit mehr als 20 000 Einwohnern fortgesetzt wachsen, so trifft dieser Verlust fast ausschließlich das platte Land und die kleinen Landstädte. Nach einer anderen Aufstellung haben bei Anrechnung der Geburtsüberschüsse über die Todesfälle die Gutsbezirke und Landgemeinden Ostpreußens in 10 Jahren eine Viertelmillion Menschen durch Ab= und Auswanderung eingebüßt. Seit Jahren gibt die Provinz fast die Hälfte ihrer schulentlassenen Jugend und damit jährlich den Wert mehrerer Millionen Mark an aufgewendeten Erziehungskosten ohne Ausgleich an die westlichen Landesteile ab. Nach dem letzten Jahresbericht der Landesversicherungs= anstalt Ostpreußen haben seit dem Inkrafttreten der Invalidenversicherung, also von 1891 bis 1907, insgesamt 81 025 Personen, für welche die erste Quittungskarte in ihrer Heimatprovinz Ostpreußen ausgestellt worden ist, ihren Wohnsitz endgültig in den Bezirk einer fremden Versicherungsanstalt verlegt. Im Jahre 1907 hat eine solche Wohnsitzverlegung bei 5 166 Per= sonen stattgefunden, darunter allein bei 4597 Versicherten, die ihre erste Karte im fremden Bezirk haben aufrechnen lassen, mithin im jugendlichen Alter abgewandert sind.

Wird es als Wanderungsgewinn bezeichnet, wenn die ortsanwesende Bevölkerung die Ziffer der Geburtsbevölkerung übersteigt, und als Wande= rungsverlust, wenn die Geburtsbevölkerung größer ist als die Ziffer der ortsanwesenden Bevölkerung, so ergibt sich nach einer Berechnung, die in den Motiven zu der Unterstützungswohnsitz=Novelle vom 30. Mai 1908 mit= geteilt wird, die Wahrnehmung, daß für das Jahrzehnt 1890/1900 ein Wanderungsgewinn — berechnet in Prozenten der Geburtsbevölkerung jedes Bezirks — zu verzeichnen war

für Berlin . . . . von 76,4 %
„ Hamburg . . . . „ 55,4 %
„ Bremen . . . . „ 39,5 %
„ Lübeck . . . . „ 31,6 %
„ Westfalen . . . . . . „ 9,0 %
„ Königreich Sachsen . . . „ 6,6 %
„ Rheinland . . . . . . „ 5,5 %.

Dagegen stellt sich im gleichen Zeitraum ein Wanderungsverlust heraus

für Ostpreußen . . . . . . von 18,6 %
„ Posen . . . . „ 14,7 %
„ Mecklenburg=Schwerin . . . „ 12,2 %
„ Pommern . . . . „ 11,8 %
„ Westpreußen . . . . . . „ 10,7 %.

Mit dem Verlust steht also die Provinz Ostpreußen an erster und weit über= ragender Stelle.

Nach der Volkszählung vom Jahre 1900 machten die nach den Groß= städten überhaupt zugezogenen Personen nicht weniger als 55,7 % der orts= anwesenden Bevölkerung aus, so daß in Großstädten die Zugewanderten in der Mehrzahl, die Einheimischen in der Minderzahl waren. Vergleicht man insbesondere, wie die Arbeitsfähigen und die Nichtarbeitsfähigen sich auf Stadt und Land verteilen, so ergibt sich nach derselben Quelle, daß unter Außerachtlassung der Militärpersonen in den Städten 100 Arbeits= fähige mit 71,69 Nichtarbeitsfähigen, auf dem Lande dagegen 100 Arbeits= fähige mit 96,45 Nichtarbeitsfähigen belastet sind, und daß diese Belastung in Berlin mit 50,45 die niedrigste und in Ostpreußen mit 108,79 die höchste ist. Hierbei sind als Arbeitsfähige die Personen im Alter von 18—60 Jahren und als Nichtarbeitsfähige Kinder und Greise, sowie die Hälfte der Altersklassen von 14—18 und von 60—70 Jahren angesprochen.

Diese Zahlen bestätigen
1. die starke Abwanderung der ländlichen Bevölkerung aus den vornehmlich Landwirtschaft treibenden Provinzen nach den Großstädten und Industriegebieten,
2. die Wahrnehmung, daß gerade die jugendlichen und arbeitsfähigen Personen das Hauptkontingent zur Abwanderung stellen,
3. die Tatsache, daß an beiden Erscheinungen die Provinz Ostpreußen am stärksten beteiligt ist.

Der schädlichen Wirkung, die auf die ländliche Armenpflege des Ostens durch eine so ungesunde Verschiebung und Zusammensetzung der Bevölkerung ausgeübt wird, hat bekanntlich die Novelle zum Unterstützungswohnsitzgesetz vom 30. Mai 1908 Rechnung zu tragen gesucht. Dem Grundsatz der Unterstützungspflicht der Aufenthaltsgemeinde weit entgegenkommend, hat sie die Frist für den Erwerb und Verlust des Unterstützungswohnsitzes von 2 auf 1 Jahr ermäßigt, sodann die bereits durch die Novelle vom 12. März 1894 von 24 auf 18 Jahre ermäßigte Altersgrenze um weitere 2 Jahre auf 16 Jahre herabgesetzt, endlich aber in Erkrankungsfällen die Fürsorgepflicht der Gemeinde des Dienst- oder Arbeitsorts wesentlich erweitert. Ob und welchen Erfolg diese gesetzlichen Maßnahmen haben werden, muß zunächst dahingestellt bleiben. Jedenfalls wird es auch vom Standpunkt der Armenpflege nicht ohne Interesse sein, den wirtschaftlichen und sozialen Vorgängen in unserem Volkskörper näher zu treten, die als die inneren Gründe der beklagten und vom Gesetzgeber anerkannten Mißstände angesprochen werden müssen, ihre Ursachen und Wirkungen festzustellen und Hand in Hand damit geeignete Abhilfemittel in Vorschlag zu bringen.

Eine derartige auf Bekämpfung der tieferen Ursachen des Übels gerichtete, auf das Gebiet der präventiven Armenpflege übergreifende Betrachtungsweise dürfte keineswegs im Widerspruch stehen mit den Bestrebungen des Deutschen Vereins für Armenpflege und Wohltätigkeit, da sich dieser Verein nicht bloß die Technik der repressiven Armenpflege in ihrer sachgemäßen Ausgestaltung und Fortbildung angelegen sein läßt, sondern darüber hinaus das Armenwesen in seinen vielgestaltigen Beziehungen zu unserem gesamten Volksleben zu ergründen sucht, um demnächst die Ergebnisse seiner Arbeit der staatlichen Gesetzgebung und Verwaltung zur Verfügung zu stellen. Ich mag mich darin täuschen, es will mir aber scheinen, als ob gegenwärtig eine gewisse Neigung besteht, über der repressiven öffentlichen Armenpflege die vorbeugende Tätigkeit des Staates auf dem Gebiet des Armenwesens und ihre Bedeutung für die eigentliche Armenpflege etwas zu unterschätzen, daß es wenigstens, mehr als gut ist, unterlassen wird, gerade vom Standpunkt der Armenpflege die Förderung derjenigen staatlichen Aufgaben zu verlangen, die einer übermäßigen Inanspruchnahme der öffentlichen Fürsorgepflicht wirksam und auf die Dauer vorzubeugen geeignet sind, vielmehr die Wahrnehmung dieser Interessen im wesentlichen anderen Beteiligten überlassen wird, von denen sie vertreten werden, aus den mannigfachsten Erwägungen politischer, nationaler, wirtschaftlicher, sozialer oder allgemein humanitärer, arbeiterfreundlicher Art. In der Begründung zur Unterstützungswohnsitz-Novelle vom 30. Mai 1908 sowie bei den parlamentarischen Verhandlungen über dieses Gesetz ist von Vertretern sowohl der verbündeten Regierungen als auch der politischen Parteien übereinstimmend die Landflucht und die durch sie bedingte Bewegung, Verteilung und Zusammensetzung unserer Bevölkerung als die Ursache derjenigen Mißstände bezeichnet worden, deren Beseitigung das Gesetz beabsichtigt. Auf die Ursachen der Landflucht und die Mittel zu ihrer Bekämpfung wurde aber nicht eingegangen. Diese Selbstbeschränkung mag vielleicht praktisch und zur Erzielung positiver Ergebnisse bei Verabschiedung der Gesetzesvorlage am Platze gewesen sein. Ich möchte ihr aber in der Hauptsache das Gefühl einer gewissen Nichtbefriedigung zuschreiben, das im Reichstag bei den Verhandlungen über das Gesetz fast allseitig zum Ausdruck gekommen ist. Die Volksvertretung hatte offenbar die Empfindung, daß das Gesetz eigentlich nur die Symptome, nicht aber die Wurzel des Übels selber trifft, und daß deshalb der Erfolg des gesetzgeberischen Vorgehens in höherem Maße, als es sonst der Fall zu sein pflegt, noch ganz im Ungewissen liegt. Demgegenüber erscheint es mir nicht nur als ein Recht, sondern mehr noch als Pflicht und Aufgabe des Deutschen Vereins für Armenpflege und Wohltätigkeit gerade vom Standpunkt der ihm anvertrauten Interessen das nachzuholen, was bei der Beratung der Novelle vom 30. Mai 1908 nicht berücksichtigt werden konnte, und demgemäß den Ursachen der Landflucht nachzugehen, um den durch sie auch auf dem Gebiete unseres Armenwesens hervorgerufenen Übelständen an der Hand einer solchen Untersuchung vielleicht mit Erfolg entgegentreten zu können. Soweit der Osten der preußischen Monarchie in Frage kommt, will es mir scheinen, daß wenigstens bis auf weiteres diese Aufgabe die wichtigere und notwendigere ist, und daß ihr gegenüber die von mancher Seite verlangte durchgreifende Reform unserer Armengesetzgebung, deren Gestaltung doch immerhin von der mehr oder minder vollkommenen Lösung jener Aufgabe stark beeinflußt wird, zunächst zurückzutreten hat. Überdies wäre der jetzige Zeitpunkt für eine grundsätzliche Umgestaltung unseres Unterstützungswohnsitzgesetzes verfrüht zu nennen. Eine künftige Reform unserer Armengesetzgebung wird, wie ich glaube, vor allem vor die Frage gestellt werden, ob und inwieweit der Grundsatz der Unterstützungspflicht der Aufenthaltsgemeinde, dem schon durch die Novelle vom 30. Mai 1908 weitgehende Zugeständnisse gemacht worden sind, noch weitere Anerkennung finden soll. Deshalb müssen doch vorerst noch die Wirkungen der erst am 1. April d. J. in Kraft getretenen Novelle abgewartet werden. Sodann stehen nach dem veröffentlichen Entwurf der Reichsversicherungsordnung auf dem Gebiet der sozialpolitischen Gesetzgebung die obligatorische Krankenversicherung der landwirtschaftlichen Arbeiter, sowie die Witwen- und Waisenversicherung in Aussicht, die in ihrer vorbeugenden Wirkung auf Höhe und Umfang der Leistungen, insbesondere auch der ländlichen Armenpflege, von weitgehendem Einfluß sein werden.

Um nun zunächst auf die Ursachen der Landflucht einzugehen, so ist die Entvölkerung des platten Landes mit ihren mannigfachen Gründen wirtschaftlicher, sozialer und psychologischer Art eine der kompliziertesten Erscheinungen unseres Volkslebens. Bei der durch die Entwicklung unseres Eisenbahnnetzes gegen früher fast ins ungemessene gesteigerten Leichtigkeit, Billigkeit und Bequemlichkeit des Reisens gibt es in Deutschland keine Entfernungen mehr. Das entlegenste Dorf ist heutzutage an den großen Verkehr angeschlossen. Infolgedessen ist die Bevölkerung auch in ihren breiten Schichten vollständig mobilisiert. Der Entschluß einer Ortsveränderung ist fast ebenso schnell ausgeführt wie gefaßt. Der dem Menschen innewohnende Trieb, seine und seiner Angehörigen Existenzbedingungen zu verbessern, auf der sozialen Stufenleiter emporzusteigen oder doch für seine Kinder die wirtschaftliche Grundlage für ein solches Aufsteigen zu gewinnen, bewegt die Massen und treibt sie dorthin, wo sie vermeintlich oder möglicherweise auch in Wirklichkeit günstigere Existenzbedingungen für sich und die Ihren finden. Je morscher die Bande geworden sind, die den einzelnen mit der Heimat verknüpfen, je schwächer sein Heimatsgefühl ausgeprägt ist, um so weniger wird er dem Zug nach der Ferne widerstehen können. Ein Unterschätzen des Guten, das er daheim hat, die unbestimmte Hoffnung auf Besseres und Vollkommeneres, das ihn draußen erwartet, lassen die letzten Bedenken schwinden. Der erste, der fortgegangen, zieht Dutzende von anderen nach sich. Mögen die Enttäuschungen, die er erlebt, noch so groß sein, nie wird er sie in seinen Berichten nach der alten Heimat zugestehen. Im Gegenteil, er wird die Vorzüge des neuen Wohnsitzes in den lebhaftesten Farben schildern, die Nachteile verschleiern oder ganz verschweigen und bei einem Vergleich die alten Verhältnisse stets zu kurz kommen lassen.

Bei der Beurteilung der ostpreußischen Verhältnisse schlägt es sehr zu ihrem Nachteile aus, daß die Naturalbezüge der ländlichen Arbeiter, wie freie Wohnung, Brennmaterial, Deputat, Erdruschanteil, Kartoffel-, Lein- und Gartenland, Kuh- und Kleinviehhaltung nicht nach ihrem Geldwert gerechnet, ihre Zubilligung vielmehr beinahe als selbstverständliche Leistung angesehen wird. Die im Hinblick auf die daneben gewährten Naturalbezüge verhältnismäßig niedrig bemessenen Geldlöhne werden schlechthin mit den hohen industriellen Lohnsätzen des Westens verglichen, ohne dabei zu berücksichtigen, daß, weil dort keine Naturalien bezogen werden, alles zum Lebensunterhalt Erforderliche gekauft werden muß. Wird in Erwägung gezogen, daß die Gesamteinkünfte einer ostpreußischen Gutsarbeiterfamilie sich im allgemeinen auf 1200 bis 1400 Mk. jährlich belaufen, den Hauptanteil dieser Einkünfte ausmachenden Naturalbezüge aber auch bei Krankheit und sonstiger vorübergehender Arbeitsbehinderung ungeschmälert weiterbezogen werden, so stellt sich der Vergleich zwischen den Löhnen für den Osten tatsächlich keineswegs ungünstig. Gleichwohl lassen sich die Arbeiter durch die hohen Barlöhne des Westens bestechen, ohne den wahren Sachverhalt überhaupt oder doch rechtzeitig zu erkennen.

Obwohl das Recht auf freie Wahl des Wohnsitzes und Aufenthalts in Preußen bereits durch das Gesetz vom 31. Dezember 1842 anerkannt worden war, so hat sich seine Wirkung nach der Richtung einer erhöhten

Bevölkerungsbewegung selbst nach Erlaß des Freizügigkeitsgesetzes vom 1. November 1867, das diesen Grundsatz auf das Bundes- und Reichsgebiet übertrug, erst allmählich mit der Entwicklung eines erhöhten persönlichen Unabhängigkeitsgefühls in den breiten Massen des Volks geltend gemacht. Durch die Verleihung weitgehender politischer und staatsbürgerlicher Rechte wurde das Selbstbewußtsein der zur Arbeiterklasse gehörigen Landbevölkerung, das bisher noch unter dem Bann der Unfreiheit früherer Jahrhunderte zurückgehalten worden war, mächtig gestärkt. Hand in Hand damit ging der ehemals große Einfluß der Grundherren auf ihre Arbeiterschaft, mit der sie heutzutage nur durch ein auf Zeit abgeschlossenes Kontraktverhältnis verbunden sind, stetig zurück. Bitter rächt sich jetzt der schwere, zu Beginn des 19. Jahrhunderts bei Neugestaltung der preußischen Agrarverfassung begangene Fehler. Bedauerlicherweise wurde damals durch die Deklaration vom 29. Mai 1816 die nach dem Edikt vom 14. September 1811 zugelassene Regulierungsfähigkeit — d. h. das Recht zur Umwandlung dienstpflichtiger Grundstücke in dienstfreie, zu vollen Eigentum besessene gegen Abtretung eines Teils des bisher benutzten Landes — auf die gespannhaltenden bäuerlichen Besitzer beschränkt, sie blieb aber versagt den kleinen und mittleren handdienstpflichtigen Besitzern. Diese verwandelten sich infolgedessen, und da die Hörigkeit schon vorher aufgehoben worden war, zwar in freie, dafür aber auch in besitzlose Instleute und Gutstagelöhner, während der Klein- und Mittelbesitz selber, mit dessen Ausgestaltung zu freiem Eigentum ein grundangesessener Landarbeiterstand dauernd begründet worden wäre, als solcher unterging. Diese verkehrte Entwicklung unserer Agrarverfassung, die zum Nachteil des Landarbeiters erfolgte Vorenthaltung eines eigenen Besitzes und der hierdurch wieder bedingte Fortfall der natürlichen Grundlagen für ein stark geprägtes Heimatsgefühl hat die Seßhaftigkeit der ländlichen Arbeiterbevölkerung langsam aber sicher zerstört und den Boden für die sogenannte Landflucht bereitet.

Unter den obwaltenden Umständen ist die Ergreifung staatlicher Maßregeln gegen die Ursachen der Landflucht gleichbedeutend mit der Bekämpfung der im Osten auf dem Gebiet des Armenwesens hervortretenden Mißstände, weil diese Mißstände der Hauptsache nach aus der Landflucht und der aus ihr resultierenden unwirtschaftlichen Bevölkerungsverteilung hervorgehen. Es handelt sich also um eine vorbeugende staatliche Tätigkeit, die sich zwar nicht bewegt auf dem eigentlichen Gebiet des Armenwesens, jedoch gewissen unerfreulichen Erscheinungen in der Bewegung und Zusammensetzung unserer Bevölkerung entgegenzuwirken sucht, die neben anderen gemeinschädlichen Wirkungen auch gerade eine gerechte Verteilung der Armenlasten innerhalb des Staatsgebiets in hohem Maße ungünstig beeinflussen.

Um der Feststellung dessen, was gegen die Landflucht geschehen soll, näher zu kommen, wird es sich empfehlen, zunächst in eine Erörterung darüber einzutreten, was zweckmäßig zu unterbleiben hat. In dieser Beziehung wird unsere Landwirtschaft nach meiner aufrichtigen Überzeugung gut daran tun, die Bestrebungen, die auf Einschränkung der Freizügigkeit gerichtet sind, endgültig fallen zu lassen. Sie sind ein unerfüllbares und fruchtloses Beginnen, das obendrein noch schädlich wirkt, weil es die Aufmerksamkeit und Tätigkeit der Freunde der Landwirtschaft ablenkt von positiven, zur Abhilfe wirklich geeigneten Mitteln. Gewiß, die schweren Schäden einer ungesunden Fluktuation und Verteilung der Bevölkerung sind unleugbar vorhanden, darüber kann kein Zweifel bestehen. Sie sind vom Standpunkt sowohl einer gesunden Sozialpolitik als auch der heimischen Volkswirtschaft gleich beklagenswert, und ihre schleunigste Beseitigung liegt nicht nur im landwirtschaftlichen, sondern noch ungleich mehr im allgemein staatlichen Interesse. Aber ebenso wenig kann ein Zweifel darüber bestehen, daß die Wurzeln des Übels tiefer liegen, daß diese Krankheitserscheinungen weniger die Folgen der Freizügigkeit sind, als vielmehr unserer Agrar- und Landarbeiterverfassung. Wer der Massenabwanderung durch Einschränkung der Freizügigkeit begegnen zu können meint, begeht eine Verwechslung von Ursache und Wirkung. Eine Schmälerung des Rechts auf freie Wahl des Wohnsitzes und Aufenthaltsortes würde kein Heil-, sondern nur ein Palliativmittel sein; die eigentliche Krankheit würde unter der Oberfläche weiterwuchern und schließlich zu Erscheinungen führen, die noch ungleich gefährlicher wären, als der vor Anwendung des Mittels bestehende Zustand. Kein Gesetzgeber hat Gewalt über derartige elementare Strömungen im Volksleben, wenn er sich nicht bemüht, ihre wahren Ursachen zu erkennen und sein Augenmerk auf deren Beseitigung zu richten.

Ähnliches gilt von den auf Bestrafung des Kontraktbruches landwirtschaftlicher Arbeiter gerichteten Forderungen. Die auf dieses Mittel gesetzten Hoffnungen sind zum großen Teil trügerisch. Seine Anwendung bedingt eine ungleiche Behandlung landwirtschaftlicher und gewerblicher Arbeiter, die einen erhöhten Anreiz zur Abwanderung bisheriger ländlicher Arbeiter nach den Industriebezirken bieten kann. Das für die alten Provinzen erlassene preußische Gesetz vom 24. April 1854 zeigt die Wirkungslosigkeit der Kontraktbruchstrafe insofern, als in diesen Provinzen die Verhältnisse keineswegs besser sind, als in den neuen Landesteilen, wo das Gesetz nicht gilt.

Eine erfolgversprechende Bekämpfung der aus der Landflucht auch auf dem Gebiete der ländlichen Armenpflege erwachsenden Mißstände wird daher nicht umhin können, vor allem auf eine Beseitigung der Ursachen der Landflucht hinzuwirken: Im letzten Ende läuft sie hinaus auf eine Beseitigung der Mängel in der Verteilung der breiten Grundschichten unserer Bevölkerung. Die hier zur Entscheidung stehenden Fragen können daher nur gelöst werden im Zusammenhang mit einer gesunden Bevölkerungspolitik und den zu ihrer Durchführung erforderlichen Maßregeln agrar-, sozial- und wirtschaftspolitischer Art. Vor allem müssen im Wege der Gesetzgebung und Verwaltung alle zur wirtschaftlichen, sozialen und kulturellen Hebung der ländlichen Arbeiterschaft geeigneten Mittel ergriffen werden. Als solche Mittel bieten sich insbesondere die **Seßhaftmachung der ländlichen Arbeiter und die ländliche Wohlfahrtspflege.**

Ist der Weg auch langsam und beschwerlich, so bleibt hiernach in der Hauptsache nichts anderes übrig, als auf die Stein-Hardenbergische Gesetzgebung zurückzugehen und den Faden da wieder anzuknüpfen, wo er nach

Erlaß der Deklaration vom 29. Mai 1816 abgerissen worden ist. Der Entvölkerung des platten Landes und insbesondere unseres Ostens kann wirksam nur dadurch gesteuert werden, daß wir durch Seßhaftmachung unserer Arbeiter auf eigenem Grund und Boden eine heimfrohe und heimfeste Bevölkerung schaffen. Nur so wird in ihnen das Heimatgefühl wieder erstarken, wird die wahre, echte Liebe zur Heimat, die allen Versuchungen und Lockungen der Fremde erfolgreich widersteht, wieder lebendig werden. Unsere Arbeiter müssen als kleine Besitzer wirtschaftlich und sozial so gestellt werden, daß sie zu Hause etwas zu verlieren haben, was, aufgegeben, nicht so gut und vollkommen wieder eingebracht werden kann, auch nicht in der Fremde. Sie müssen wissen, daß als Lohn treuer Arbeit die Möglichkeit des besseren Fortkommens, des Aufsteigens zu größerer wirtschaftlicher und sozialer Selbständigkeit und Unabhängigkeit ihnen in der Heimat sicherer winkt als draußen. Und ebenso muß dem jungen Anfänger, der einen Hausstand gründen will, die Aussicht offen stehen, daß er bei Fleiß und Tüchtigkeit sich daheim am besten auf eigene Füße wird stellen können. Die Liebe zur Heimat, die die Kinder den Weg in das Elternhaus und zum heimatlichen Herd immer wieder zurückfinden läßt, muß als das kostbarste Gut gehegt und gepflegt, muß in ihren Grundlagen auf jede erdenkliche Art ausgestaltet und ausgebaut werden. Namentlich aber durch die Schaffung, Erhaltung und Vermehrung eigener Heimstätten im Wege der inneren Kolonisation wird bei unserer ländlichen Arbeiterschaft Zufriedenheit, Glück und Wohlstand wieder einkehren. Dann wird der landwirtschaftliche Arbeiter in einem gesunden Klassen- und Standesbewußtsein wieder Freude an seinem Beruf, an seiner Arbeit und an treuer Pflichterfüllung finden. Er wird zu Hause bleiben, sich dort redlich nähren und nicht mehr in die Ferne ziehen.

Wird der Weg der Seßhaftmachung unserer landwirtschaftlichen Arbeiter beschritten, so wird zwar, neben der dadurch bewirkten anderweiten Verteilung des Grund und Bodens, durch Vermehrung des kleinen und mittleren Besitzes auch unsere Arbeiterverfassung nach der Richtung des freien Arbeitsverhältnisses sehr wesentlich beeinflußt. Es läßt sich nicht bestreiten, daß diese Entwicklung vielfach als unwillkommen empfunden werden wird, sie darf aber nicht verschwiegen werden, soll ein erschöpfender Überblick der Wirkungen der Seßhaftmachung gewonnen werden. Sicherlich ist es wenig erfreulich, daß das alte ostpreußische Institut der Instleute und Deputanten mit seiner Interessenharmonie zwischen Arbeitgebern und Arbeitnehmern allmählich untergeht. Aber diese aus Zeiten anderer wirtschaftlicher Bedingungen überkommene Form des Arbeitsverhältnisses vermag, wie die Erfahrung lehrt, die Abwanderung nicht aufzuhalten. Die nicht zu umgehende Notwendigkeit, sich den veränderten Umständen unseres modernen Wirtschaftslebens anzupassen, zwingt deshalb dazu, unter Beseitigung derjenigen Gründe, die zur Abwanderung unserer ländlichen Arbeiter führen, die wirtschaftlichen und sozialen Verhältnisse der Arbeiterschaft so zu gestalten, daß sie ein persönliches Interesse am Verbleiben in der Heimat gewinnt. Darauf allein kommt es an. Und um dieses Ziel zu erreichen, muß sich die Landwirtschaft mit den Tatsachen, die unaufhaltsam auf das freie Arbeitsverhältnis hindrängen, auszusöhnen wissen, mögen auch einzelne Nachteile und das

Verlassen gewohnter Vorstellungen und Anschauungen damit verbunden sein. Stellt sich doch schon jetzt das mit slawischen Saisonarbeitern eingegangene Arbeitsverhältnis als freies dar. Es fragt sich doch, ob es nicht vorzuziehen ist, mit deutschen, nicht ständig verpflichteten Arbeitern, die als Deutsche die deutsche Scholle bebauen, in ein freies Arbeitsverhältnis einzutreten, als mit den unser Vaterland überflutenden, an Rasse und Kultur inferioren slawischen Saisonarbeitern, zumal, wenn die wichtigsten staatlichen und nationalen Interessen für die Wiedergewinnung einer zufriedenen und blühenden, nach Art und Sinn deutschen ländlichen Arbeiterbevölkerung sprechen.

Von außerordentlicher Bedeutung ist es, die landwirtschaftlichen Arbeiter in Dorfgemeinden und möglichst nur ausnahmsweise im Gutsbezirk anzusetzen. Die Arbeiter gehören ihrer ganzen sozialen und wirtschaftlichen Stellung, ihren Neigungen und Bedürfnissen nach in die bäuerliche Gemeinde. In Landgemeinden fügen sich neugeschaffene Arbeiterstellen von selber in die dörfliche Gemeinschaft mit den verschiedenen Abstufungen ihrer Besitzkategorien ein. Die Arbeiter gelangen hier von selber in gewohnte, ihren Anschauungen entsprechende Verhältnisse. Die Möglichkeit, auf der sozialen Stufenleiter durch Fleiß und Tüchtigkeit aufzusteigen, bietet sich ihnen in der natürlichsten Weise. Sie fühlen sich in dieser Umgebung als Glieder eines in freier Selbstbestimmung geleiteten Gemeinwesens. Durch die Beteiligung an den Gemeinderechten und Wahlen entwickelt sich ein gesunder Gemeinsinn und ein berechtigtes Unabhängigkeitsgefühl. Diese auf der festen Grundlage eigenen Besitzes beruhenden ideellen und materiellen Güter bieten die sichersten Bürgschaften gegen die Landflucht.

Ist die Ansetzung der Arbeiter in Landgemeinden die Regel, von der nur ausnahmsweise abgewichen werden sollte, so bietet dies Vorgehen auch den großen Vorteil, daß die Ordnung der öffentlich-rechtlichen Verhältnisse und insbesondere die Verteilung der öffentlichen Lasten nach den für die Gemeindeverfassung maßgebenden Bestimmungen die glücklichste Lösung findet. Andernfalls begegnet, da der Inhaber des Gutsbezirks Träger der Gutslasten ist, die Ansetzung von Arbeitern in Gutsbezirken immerhin nicht unerheblichen Schwierigkeiten.

Werden Arbeiterstellen zu freiem Eigentum angesetzt, sei es nun ausnahmsweise in Gutsbezirken selbst oder in bereits vorhandenen oder in neu anzulegenden bäuerlichen Gemeinden, so muß streng daran festgehalten werden, daß der Ansiedler als Entgelt für seine Ansetzung und die dadurch erwachsenden Kosten zu Arbeitsbedingungen für ein bestimmtes Gut nicht verpflichtet wird. Es würde dadurch der Wert der ganzen Maßregel in Frage gestellt werden. Denn das, was der Ansiedler wünscht und hofft, eine größere Unabhängigkeit und Bewegungsfreiheit, würde stark beeinträchtigt, und dem Mißtrauen Tür und Tor geöffnet werden, als sei es auf Schaffung von Verhältnissen abgesehen, die in ihrer wirtschaftlichen und sozialen Wirkung der alten Gutsuntertänigkeit gleichkommen. Dem Ansiedler muß daher die freie Wahl der Arbeitsstelle, auf der er arbeiten will, unter allen Umständen gewahrt bleiben. Das ist einer der obersten Grundsätze der Kleinsiedelung. Der Arbeiter wird schon aus eigenem Antrieb diejenige Arbeitsgelegenheit bevorzugen, die ihm am nächsten und bequemsten liegt, und wo er lohnende Beschäftigung zu finden gewärtig sein kann. Auch hat es der Großgrundbesitzer in der Hand, den freien Arbeiter und sein wirtschaftliches Interesse durch kleine nachbarliche Vergünstigungen und Gefälligkeiten an sich zu fesseln. Die Gewährung von Futtergewinnung an Wege- und Grabenrändern, in Wiesenschlenken und Löchern, deren Werbung sich für den Großbetrieb oft gar nicht einmal lohnt und deshalb sogar unter Umständen unterbleibt, die Gestattung des Weideganges für Vieh, die Bereitstellung von Sprungtieren, die Überlassung von Torf und sonstigem Brennmaterial, die gelegentliche Leistung einer Fuhre, sind praktische Mittel, die ganz von selbst zu dem gewünschten Resultat führen. Es darf nie außer acht gelassen werden, daß es sich hier um die Schaffung eines freien Arbeitsverhältnisses handelt, dessen folgerichtige Durchführung beobachtet werden muß, sollen nicht Enttäuschungen eintreten.

Als unterstützende Tätigkeit der Seßhaftmachung und ihrer Zwecke tritt noch hinzu die Förderung von Wohlfahrtseinrichtungen aller Art, wie Verbesserung des Arbeiterwohnungswesens, Gründung von Volksbibliotheken, Unterstützung ländlicher Fortbildungsschulen, Kinder- und Waisenfürsorge, Errichtung von Kleinkinder- und Handfertigkeitsschulen, Stationierung von Gemeindeschwestern, Ausgestaltung der ländlichen Krankenpflege, Einrichtung von Reformgasthäusern zur Bekämpfung des übermäßigen Genusses von Alkohol, Veranstaltung von Volksunterhaltungsabenden, Darbietung von Lichtbildern, Aufführungen, Vorträgen, Volkskonzerten u. dgl. m., kurz die Befruchtung des ländlichen Lebens durch veredelnde Vergnügungen. Die in den Städten mit erheblichen Mitteln ins Leben gerufenen Wohlfahrts- und Wohltätigkeitseinrichtungen gewähren ihnen einen weiteren großen Vorsprung dem platten Lande gegenüber und verstärken recht wesentlich ihre Anziehungskraft. Zweifellos erheischt das in den Großstädten und Industriezentren auftretende Massenelend dringend eine Linderung und Bekämpfung durch entsprechende Veranstaltungen. Es fragt sich aber, ob es nicht richtiger und zweckentsprechender ist, wenn, durch Einschränkung ihrer Ursachen, die Massenabwanderung vom platten Lande eingeschränkt und damit gleichzeitig das in die Erscheinung tretende Großstadtelend mit allen seinen Begleiterscheinungen, wie Säuglingssterblichkeit, Arbeitslosigkeit, Wohnungsnot, Unterernährung usw. vermindert wird. Bisher hat die Organisation der Wohlfahrtspflege auf dem platten Land sehr viel zu wünschen übrig gelassen. Hier die bessernde Hand anzulegen, darf als ein dringendes Bedürfnis bezeichnet werden. Durch Organisation einer ländlichen Wohlfahrtspflege im großen Stil und in allen ihren Zweigen muß die wirtschaftliche und soziale Lage des Landarbeiters planmäßig gehoben werden. Neben den Gutsherren und Gutsfrauen sowie dem Pfarrer ist es in erster Linie der Lehrer, der als örtliches Organ der Wohlfahrtspflege auf dem Lande berufen ist. — Endlich wird als ergänzende Hilfstätigkeit der inneren Kolonisation die Pflege und Unterstützung von solchen gemeinnützigen und gemeinwirtschaftlichen Unternehmungen in Frage kommen, welche der Landwirtschaft, vornehmlich aber den ländlichen Arbeitern, so wie dem kleinsten, kleinen und mittleren Grundbesitz zu gute kommen.

Von größter Bedeutung ist insbesondere die tatkräftige Förderung des

Arbeiterwohnungswesens zugunsten der landwirtschaftlichen Arbeiter auch dort, wo Haus und Hof nicht zu Eigentum überlassen werden. Nicht nur, daß der Arbeiter durch die ihm gewährte Wohnung, namentlich wenn damit ein Fleck Garten und Land verbunden ist, an den Betrieb gefesselt wird, bahnt sich auch ein besseres soziales Verhältnis zum Arbeitgeber an. Mit der Gewährung guter gesunder Arbeiterwohnungen wird der Arbeiter bodenständig, er wechselt seltener die Arbeitsstelle, die Kindererziehung wird wegen Beibehaltung derselben Schule besser, das Familienleben befestigt sich, der Arbeiter wird häuslich und Fleiß, Sparsamkeit und Zufriedenheit halten Einzug in seinem Hause. Kurz die Ursachen der Verarmung und Unterstützungsbedürftigkeit werden unterbunden. In noch ungleich höherem Maße treten alle diese wohltätigen Wirkungen ein, wenn dem Arbeiter im Wege der Siedlung ein eigener Herd unter eigenem Dach zu teil wird.

Bei der inneren Kolonisation und auch bei der Gründung von neuen bäuerlichen Gemeinden ist, wenn wirklich die breite Unterschicht unseres Volkes wieder seßhaft gemacht werden soll, das Hauptgewicht auf Ansetzung von Arbeiterstellen zu legen. Gleichzeitig ist die Rückwanderung von Arbeitern aus den Städten nach dem platten Lande zielbewußt zu betreiben. Daß dies mit Erfolg geschehen kann, dafür bürgt die Tatsache, daß im innersten Herzen des deutschen Arbeiters noch immer die Sehnsucht nach der eigenen Scholle lebt. Die Erfahrungen, die gerade auf dem Gebiet des städtischen Wohnungswesens gemacht worden sind, zeigen, daß in großen Städten, und selbst in Mittelstädten, der Boden für das eigene Arbeiterheim nicht gegeben ist, sondern daß der Platz, der dem Arbeiter einen eigenen Herd zu bieten vermag, das platte Land ist.

Ist es nun, wie wir gesehen haben, der natürliche Wunsch, seine wirtschaftliche Existenz zu verbessern, die in erster Linie den landwirtschaftlichen Arbeiter zur Abwanderung veranlaßt, so kann ihr wirksam auch nur dann entgegen gearbeitet werden, wenn die Arbeitgeber darauf Bedacht nehmen, durch tunlichste Erhöhung der landwirtschaftlichen Löhne die wirtschaftliche Lage ihrer Arbeiter zu verbessern. Nach den verdienstvollen Untersuchungen von Professor Dr. Max Brösike, Mitglied des Königl. Preußischen Statistischen Landesamtes, über die Binnenwanderungen im Preußischen Staat ist die Wanderbewegung sicher eine Erscheinung wirtschaftlicher Natur, welche in erster Linie dem Ausgleich von Arbeitsangebot- und Nachfrage dient, so daß für die Wanderungen der unselbständigen Personen der Umfang der Arbeitsgelegenheit und die Entlöhnungshöhe maßgebend sein dürfte. Die Landarbeiterfrage ist mithin zugleich eine Lohnfrage. In Übereinstimmung hiermit hat Brösike den Zusammenhang zwischen der Zahl der Einkommensteuer=Zensiten sowie der Höhe des ortsüblichen Tagelohns einerseits und der Wanderbewegung anderseits nachgewiesen: Je mehr die Zahl der Einkommensteuerpflichtigen steigt, und je höher die ortsüblichen Tagelöhne sind, desto geringer ist die Abwanderung und desto größer die Zuwanderung. Je mehr sich die Landwirtschaft dazu entschließt, höhere Löhne zu zahlen, um so wirksamer wird daher der Landflucht begegnet werden können. Nachdem die landwirtschaftliche Konjunktur durch die neuen Handelsverträge wesentlich verbessert worden ist, wird die Landwirtschaft und besonders die des Ostens gut daran tun, freiwillig Lohnerhöhungen nach Möglichkeit vorzunehmen und sich nicht erst durch die Umstände dazu zwingen zu lassen. In dieser Beziehung ist bereits viel geschehen. Bei objektiver Prüfung wird zugegeben werden müssen, daß es nützlicher ist, den landwirtschaftlichen Arbeitern höhere Löhne zuzubilligen, als Preise für den Grund und Boden anzulegen, deren Höhe durch die Rentabilität der Landwirtschaft oft gar nicht einmal gerechtfertigt erscheint.

Es läßt sich nicht verkennen, daß die Lösung der Kolonisations- und Landarbeiterfrage eine Aufgabe ist, die die ganze Kraft auch der kommenden Geschlechter voll in Anspruch nehmen wird. Es gilt, das wieder gut zu machen, was in einem ganzen Jahrhundert an Unterlassungssünden begangen ist. Die Landflucht unserer Arbeiter ist im letzten Grunde zurückzuführen auf eine Verschiebung des Kulturniveaus der ländlichen und städtischen Arbeiterbevölkerung. Vordem blickte der Landarbeiter auf den Industriearbeiter als Proletarier herab, der sich auf ungleich niedrigerer sozialer Stufe befand. Hierin ist schon seit geraumer Zeit und stetig fortschreitend ein vollkommener Umschwung eingetreten. Gegenwärtig ist es der ländliche Arbeiter, der nach seinen ganzen wirtschaftlichen und sozialen Aussichten tiefer steht und vom Industriearbeiter als Fronarbeiter und Helote angesehen wird. Die Aufgabe, die sich dem Volkswirt und Staatsmann bietet, geht dahin, durch Anwendung aller zur Verfügung stehenden Mittel einer höheren wirtschaftlichen, sozialen und geistigen Kultur, einen Ausgleich zugunsten der ländlichen Arbeiterklasse herbeizuführen. Es handelt sich bei der inneren Kolonisation und speziell für den Osten der preußischen Monarchie um die wichtigsten Aufgaben staatlicher Wohlfahrtspflege, es handelt sich für das platte Land um die Einleitung einer Sozialpolitik auf dem Wege einer wahrhaft gesunden Boden- und Heimatpolitik. Unsere jetzige, auf die Verhältnisse der Industriearbeiter und der Großstädte zugeschnittene Sozialpolitik ist ihrer Zeit ohne weiteres auch auf die ganz anders gearteten ländlichen Verhältnisse übertragen worden. Die mit der inneren Kolonisation empfohlene Sozialpolitik geht nicht darauf aus, die Beteiligten an die Staatskrippe zu binden, sondern ihre Existenz zu stellen auf die Grundlage wirtschaftlicher und sozialer Selbständigkeit, als Mittel zur Erweckung und Belebung der schlummernden inneren sittlichen Kräfte unseres Landvolkes.

Unzweifelhaft werden mit der fortschreitenden Bekämpfung der inneren Ursachen der Landflucht auf dem Wege der Seßhaftmachung, sowie durch die Hebung des wirtschaftlichen, sozialen und kulturellen Niveaus unserer ländlichen Arbeiterschaft die übermäßige Fluktuation der Bevölkerung und die dadurch hervorgerufenen Mißstände der ländlichen Armenpflege unseres Ostens eine sehr wesentliche Einschränkung erfahren. Da aber diese Mittel nur langsam wirken, so läßt sich die Frage aufwerfen, ob nicht Hand in Hand mit ihrer planmäßigen und zielbewußten Förderung die Übertragung der ländlichen örtlichen Armenpflege von den Einzelgemeinden auf größere leistungsfähige Träger ins Auge zu fassen ist.

Eine solche Übertragung ließe sich in zwiefacher Weise durchführen, indem sie entweder ganz oder teilweise zu erfolgen hätte.

Es kann radikal vorgegangen, der jetzige gesetzliche Zustand beseitigt und die öffentliche Unterstützung Hilfsbedürftiger unter Befreiung der bisherigen Ortsarmenverbände größeren Kommunalverbänden auferlegt werden. Ein solches Vorgehen ist nicht ohne Bedenken, denn je größer die Verbände sind, desto geringer ist das Interesse der einzelnen beteiligten Gemeinden an einer sparsamen Verwaltung. Das ist eine alte Erfahrung: wo es auf den allgemeinen öffentlichen Säckel geht, da wird immer aus dem Vollen gewirtschaftet, und einer sucht dem andern den Rang abzulaufen. Die Kosten der Verwaltung würden daher infolge einer solchen Maßregel sehr erheblich steigen. Die Leistungen der Armenpflege würden wahrscheinlich reichlicher ausfallen, ob sie aber ebenso zweckentsprechend und dem allgemeinen Interesse dienlich sein würden, ist eine andere Frage. Da die örtliche Kontrolle weniger scharf wäre, so würde leicht eine mißbräuchliche Ausbeutung der Armenpflege Platz greifen, wobei nicht außer acht gelassen werden darf, daß die öffentliche Fürsorgepflicht doch nur dazu bestimmt ist, die Gewährung des unentbehrlichen Lebensunterhaltes sicher zu stellen. Die Natural=Armenpflege, die, wie wir gesehen haben, in den ländlichen Verhältnissen eines großen Teils der Provinz Ostpreußen das zunächst gegebene ist, würde nach und nach der Geldunterstützung weichen müssen. An die Stelle der jetzt die Regel bildenden ergänzenden Armenunterstützung würde die den vollen Unterhalt gewährende öffentliche Fürsorgetätigkeit treten, und Hand in Hand damit würden die Unterstützungsbedürftigen immer mehr aufhören, durch angemessene, ihren Kräften noch entsprechende Arbeit zu ihrem Unterhalt auch persönlich beizutragen.

Von solchen und ähnlichen Gesichtspunkten betrachtet, würden der Kreiskommunal= und der Provinzialverband als neue Träger der örtlichen Armenpflege von vornherein auszuscheiden haben.

Wenn auch nicht in so ausgeprägtem Maße, so würden doch immerhin dieselben Bedenken mehr oder minder auch gegen die Übertragung der örtlichen Armenpflege auf zwangsweise zu bildende Gesamtarmenverbände sprechen. Auch bei ihnen wird die örtliche Interessengemeinschaft zu wenig gewahrt. Die von mir als Verwaltungsbeamter gemachten Erfahrungen haben mich zu keinem überzeugten Anhänger solcher Zweckverbände gemacht. Da ihre Tätigkeit, losgelöst von anderen Interessen der Gemeinde, nur auf Erfüllung einer einzelnen Aufgabe gerichtet ist, so äußert sich das kommunale Leben und eine freudige vorwärtsstrebende Entwicklung und Betätigung solcher Verbände immer nur recht schwach. Schon die großen räumlichen Entfernungen auf dem Lande stehen hier hindernd im Wege. Daß von der gesetzlich vollauf gebotenen Gelegenheit, Gesamtarmenverbände und andere kommunale Zweckverbände freiwillig zu bilden, relativ ein so geringer Gebrauch gemacht wird, spricht nicht gerade für die praktische Verwertbarkeit und Tauglichkeit solcher Gebilde. Durch die Vereinigung mehrerer leistungsunfähiger Einzelgemeinden an sich wird das durch sie gebildete Ganze nicht etwa leistungsfähiger. Im Gegenteil, durch die mit ziemlicher Bestimmtheit zu erwartende Verteuerung der Gesamtverwaltung kann die Belastung der einzelnen Glieder gegen früher leicht noch eine Verschärfung erfahren. Ich verspreche mir daher auch von einer zwangsweisen Bildung von Gesamtarmenverbänden und der Übertragung der örtlichen Armenpflege auf sie, wenigstens soweit die ostpreußischen Verhältnisse in Betracht kommen, keinen großen Nutzen. Diese Auffassung wird auch, wie ich feststellen konnte, von zahlreichen Verwaltungsbeamten der Provinz geteilt.

Eine Übertragung der ländlichen örtlichen Armenpflege von den Einzelgemeinden auf größere leistungsfähige Träger braucht aber nicht in ihrer Gesamtheit zu erfolgen. Sie kann auch in der Weise geschehen, daß in Fällen außergewöhnlicher Belastung, wie sie gerade infolge von Abwanderungen durch Erstattungsansprüche entstanden sind, die aus der ländlichen örtlichen Armenpflege erwachsenden Verpflichtungen von dem Provinzialverband übernommen werden, und nur ein Bruchteil der Kosten von dem Ortsarmenverband aufgebracht wird. Die Abgrenzung dieser Fälle und die Feststellung der Voraussetzungen, unter denen die Übernahme solcher Kosten zu erfolgen hätte, würde im Hinblick auf ihre kasuistische Regelung, wie sie durch die Anpassung an die besonderen Verhältnisse der Provinz notwendig wird, zweckmäßig durch Provinzialstatut zu geschehen haben, wobei selbstverständlich auch die Stadtgemeinden eine entsprechende Berücksichtigung zu finden hätten. Ähnliche Anregungen sind schon auf früheren Tagungen unseres Vereins gegeben worden. Wenn sie auch auf Widerspruch gestoßen sind, so halte ich den Vorschlag doch für erwägenswert, vorausgesetzt, daß durch die Novelle vom 30. Mai 1908, was abzuwarten sein wird, die Zahl und Höhe der Erstattungsansprüche westlicher Zuwanderungsgemeinden nicht wesentlich eingeschränkt werden sollte.

Die teilweise Übertragung der ländlichen Ortsarmenpflege von den Einzelgemeinden auf größere leistungsfähige Träger kann aber des weiteren, abgesehen von einer bloßen Kostenübertragung, auch materiell in der Weise durchgeführt werden, daß die Übertragung für einzelne Zweige der Armenpflege erfolgt, für deren ordnungsmäßige Handhabung die Veranstaltungen und in Verbindung damit die Leistungsfähigkeit der Ortsarmenverbände nicht ausreichen. Ich denke hierbei vor allem an die Wahrnehmung der Krankenpflege und die ärztliche Versorgung erkrankter Ortsarmen. Welche schweren Mißstände hier vorliegen, habe ich bereits ausgeführt. Hier sind es die Kreiskommunalverbände, die kraft einer gesetzlich ihnen aufzuerlegenden Verpflichtung einzutreten und mittelst einer entsprechenden Organisation, durch Stellung einer genügenden Zahl von ärztlichen Hilfskräften, Gemeindeschwestern und Krankenpflegerinnen die nötige Fürsorge für kranke und sieche Hilfsbedürftige innerhalb angemessen abzugrenzender Bezirke sicher zu stellen hätten. So ist auch die Anstellung von Bezirkshebammen seinerzeit aus dem Bedürfnis entstanden, die ärmeren und dünnbevölkerten Striche des platten Landes mit Hebammen zu versorgen. In analoger Weise wäre nunmehr auch die Krankenfürsorge im allgemeinen durch die Kreise zu organisieren. Die den Kreisen aus der Übernahme dieser neuen Aufgabe erwachsenden Kosten müßten ihnen von der Provinz zum größeren Teile, etwa zu $2/3$ oder $3/4$ erstattet, ihnen auch das Recht eingeräumt werden, von den Ortsarmenverbänden einen wenn auch mäßigen Bruchteil der entstehenden Kosten wieder einzuziehen.

Voraussetzung eines solchen Vorgehens wäre es allerdings, daß der Staat in Fortbildung des preußischen Gesetzes vom 2. Juni 1902 betreffend die Überweisung weiterer Dotationsrenten an die Provinzialverbände erhöhte staatliche Beihilfen zur Unterstützung der örtlichen Armenpflege gewähren würde. Daß die Provinz und insbesondere der Provinzialverband sowie die Kreiskommunalverbände der Provinz Ostpreußen diese ihnen etwa neu aufzuerlegenden Aufgaben aus eigenen Mitteln zu bestreiten imstande wären, erscheint bei ihrer steuerlichen Belastung gänzlich ausgeschlossen. Schon jetzt besteht bei der ostpreußischen Provinzialverwaltung ein wenig erfreuliches Mißverhältnis zwischen ihren Einnahmen und ihren notwendigen Ausgaben. Angesichts der großen, der Provinz obliegenden Verpflichtungen verschlechtert sich ihre Finanzlage von Jahr zu Jahr derart, daß die Provinz nicht mehr imstande ist, ihre Aufgaben durchgreifend zu erfüllen, ohne die an und für sich schon geringe Steuerkraft ihrer Einwohner mit Provinzialabgaben übermäßig in Anspruch zu nehmen. Unter diesen Umständen würde es der Provinz nicht möglich sein, neue Verpflichtungen zu übernehmen, ohne daß gleichzeitig eine beträchtliche Vergrößerung der staatlichen Dotationsrente erwirkt würde. Die Absicht der Staatsregierung, durch das neue Dotationsgesetz vom 2. Juni 1902 der Provinz Ostpreußen zu einer Herabminderung der Provinzialsteuern zu verhelfen, ist in keiner Weise erreicht worden. Die Provinzialabgaben betrugen im Jahre 1901 — dem letzten Jahre vor dem Inkrafttreten des neuen Dotationsgesetzes — 17,14 %. Sie stiegen im Jahre 1906 auf 20,32 %, und im Jahre 1909 auf 22,39 %. Hierzu kommt noch, daß in Ostpreußen die Landarmenkosten im engeren Sinne nicht von der Provinz, sondern von den Kreisen getragen werden, weil in Ostpreußen, im Gegensatz zu allen anderen Provinzen, nicht der Provinzialverband, sondern die Kreise Landarmenverbände bilden. Werden diese Landarmenkosten, welche 5,56 % der Provinzialabgaben ausmachen, den Provinzialsteuern hinzugerechnet, um einen Vergleichsmaßstab mit anderen Provinzen zu gewinnen, so betragen die Provinzialabgaben in Ostpreußen für das Jahr 1906: 25,88 % und für das Jahr 1909: 27,95 %. Aus einem Vergleich mit anderen Provinzen ergibt sich, daß Ostpreußen seit dem Jahre 1905 die höchsten Provinzialabgaben erhebt. Obwohl sich die Provinz in Erfüllung ihrer Aufgaben die äußerste finanzielle Beschränkung auferlegt, steht eine weitere Steigerung der Provinzialabgaben außer Zweifel, da namentlich die Ausgaben für die außerordentliche Armenpflege und das Fürsorgeerziehungswesen unaufhaltsam zunehmen. Diese unvermeidliche Erhöhung der Provinzialabgaben wäre noch erträglich, wenn nicht die finanzielle Lage der Kreise, Städte und der meisten Landgemeinden gleichfalls eine so überaus ungünstige wäre. Auch in diesen Verbänden steigen die Steuerzuschläge von Jahr zu Jahr, so daß die Kreis- und Gemeindeabgaben in Ostpreußen die in anderen Landesteilen üblichen Sätze außerordentlich hoch überschreiten. Unter den 35 Landkreisen der Provinz erhebt, nach Zuschlägen zu den Staatssteuern berechnet, nur 1 Kreis zwischen 50 und 60 % Kreissteuern, nur 2 Kreise erheben zwischen 60 und 70 %, nur 1 Kreis zwischen 70 und 80 %, in nur 2 Kreisen beträgt die Belastung mit Kreissteuern zwischen 80 und 90 %, dagegen in 10 Kreisen zwischen 90 und 100 %, in 9 Kreisen zwischen 100 und 110 %, in 8 Kreisen zwischen 110 und 120 % und in

2 Kreisen endlich zwischen 120 und 130 %. Von den 67 ostpreußischen Städten erheben nur 6 unter 200 % Gemeindesteuern, 12 Städte erheben 200 % Zuschläge, 35 Städte zwischen 200 und 300 % und 14 Städte über 300 %. Noch stärker ist die Belastung der Gemeinden: 230 Landgemeinden erheben an direkten Gemeindesteuern, ausschließlich der Kreis- und Provinzialabgaben, 300 und mehr Prozent der Staatseinkommensteuer und der staatlich veranlagten Grund- und Gebäudesteuer. Soll daher die bessernde Hand an die Mißstände gelegt werden, die auf dem Gebiet der öffentlichen ländlichen Armenpflege in der Provinz hervortreten, so bleibt angesichts dieser finanziellen Belastung nichts anderes übrig, als daß die vom Staat der Provinz gewährte Dotationsrente eine weitere angemessene Erhöhung erfährt.

Meine hochverehrten Damen und Herren! Ich bin am Schluß meiner Ausführungen. Ich danke Ihnen für die Ausdauer, mit der Sie mir gefolgt sind, und danke insbesondere dem Herrn Vorsitzenden für seine Nachsicht, die mir gestattet hat, die für ein Referat übliche Redezeit um einiges zu überschreiten. Ich möchte hoffen und wünschen, daß Ihre Geduld wenigstens nicht ganz umsonst war, und daß es mir gelungen ist, die Klippe der von mir gewählten Betrachtungsweise zu vermeiden und den inneren Zusammenhang scheinbar nicht zusammen gehöriger Dinge nachzuweisen und einigermaßen lebendig zu gestalten. Meine Ihnen gedruckt vorliegenden Leitsätze verfolgten keine weitere Absicht, als Ihnen die Richtung anzudeuten, in der sich der wesentliche Teil meiner Ausführungen bewegen würde. Dagegen erheben sie nicht den Anspruch, eine allgemein verbindliche Form für die von mir vorgebrachten Gesichtspunkte und Schlußfolgerungen zu sein. Aber gleichwohl dürfte die Prüfung der Frage, wie die Landflucht, ihre Ursachen, Wirkungen und Heilmittel im Zusammenhang stehen mit den Mißständen der ländlichen öffentlichen Armenpflege und ihrer Bekämpfung, insofern nicht ohne positiven Nutzen sein, als auch diese Prüfung zu der Erkenntnis beiträgt, daß die großen bevölkerungspolitischen Probleme der Gegenwart, die im Tagesstreit der Meinungen die Gegensätze zwischen Stadt und Land, zwischen Osten und Westen, zwischen Industrie- und Agrarstaat wild entfachen, der Lösung nur dann näher gebracht werden können, wenn sie in ernster, sachlicher Arbeit untersucht werden, und daß allein auf diesem vom Deutschen Verein für Armenpflege und Wohltätigkeit gewählten Wege ein angemessener Ausgleich zwischen Landwirtschaft, Industrie und Handel angebahnt werden kann, im wohlverstandenen gegenseitigen Interesse dieser drei großen Erwerbsgruppen unserer nationalen Volkswirtschaft!

(Stürmischer, anhaltender Beifall).

Berichterstatter Paul Lechler-Stuttgart: Hochgeehrte Damen und Herren! Über die Ausübung der Armenpflege auf dem Lande, so wie sie tatsächlich gehandhabt wird, habe ich die Ehre, Ihnen zu berichten. Meine Erfahrungen stützen sich allerdings vornehmlich auf Württemberg. Da aber die dortigen Zustände hinsichtlich der Erfüllung der gesetzlichen Armenfürsorge denen in anderen deutschen Bundesstaaten keinesfalls nachstehen und einen Vergleich nicht zu scheuen brauchen, so wird sich bei deren

Schilderung, abgesehen von unwesentlichen Verschiedenheiten, das auch anderwärts zutreffende Bild ergeben.

Ich gedenke, Ihnen in Kürze zu zeigen

1. woran die Armenpflege auf dem Lande krankt,
2. was auf gesetzlichem Wege zu ihrer Besserung geschehen kann, um Ihnen dann eingehender vorzuführen,
3. wie zur Beseitigung akuter Notstandsfälle auf dem Lande die Vereinstätigkeit sich fruchtbar gestalten läßt.

1. Woran krankt die Armenpflege auf dem Lande?

Nach unserem deutschen Armenrecht ist der Ortsarmenverband und, soweit ein solcher nicht pflichtig ist, der Landarmenverband Träger der Armenlast. Die wesentlichste Schwierigkeit für eine geordnete Armenpflege auf dem Lande liegt gerade darin, daß die Ortsarmenverbände, abgesehen von geringen Ausnahmen, nur aus einer Gemeinde bestehen, und daß die Armenlast für Unterstützungswohnsitzberechtigte überhaupt bezw. in einem noch zu großen Umfang die Unterstützungswohnsitz-Gemeinde trifft. Der Gesetzgeber hat mit dieser Bestimmung die schwierigste Frage: wer bezahlt die Kosten? glatt erledigt, ohne sich des näheren darum zu kümmern, ob auch die kleine Einzelgemeinde zur Erfüllung dieser Gesetzespflicht immer in der Lage sei. Das Gesetz ist zweifellos nur auf größere Gemeinden, also tragfähige Schultern zugeschnitten, während zu seiner Durchführung bei kleineren Gemeinden sehr oft sowohl die finanzielle Leistungsfähigkeit, wie auch die nötige Einsicht und der gute Wille fehlen.

Hilfsbedürftigkeit im armenrechtlichen Sinne liegt vor, sobald eine Person tatsächlich nicht in der Lage ist, das zum Lebensunterhalt unumgänglich Notwendige für sich oder ihre nicht arbeitsfähigen Angehörigen in ausreichendem Maße sich zu verschaffen. Und dabei ist es gleichgültig, durch welche Ursachen die Hilfsbedürftigkeit hervorgerufen wurde und ob die Hilfsbedürftigen eine Schuld an ihrer Notlage trifft, z. B. durch Mangel an Sparsamkeit, durch leichtsinnigen oder unsittlichen Lebenswandel und dergl. Bei größeren Armenverbänden ist das anstandslos durchführbar, aber in kleineren Landgemeinden, wo vielleicht ein einziger größerer Unterstützungsbeitrag die Höhe der Umlage zu beeinflussen vermag, wo jeder den anderen kennt und genau weiß, wie es bei dem und jenem durch eigene Schuld bergab ging, wo die Mitglieder der Ortsarmenbehörde oft selbst in den denkbar einfachsten Verhältnissen leben und infolge all dieser Umstände an die der Unterstützung Bedürftigen den strengsten Maßstab anlegen, begegnet die gesetzliche Vorschrift einem harten Widerstand. Nicht bloß in armen Gemeinden, sondern selbst in solchen, die keine Gemeindesteuer umlegen, vielmehr noch sogen. Bürgernutzung verteilen, ist die Versorgung der Armen manchmal auffallend karg. Abgesehen von gewiß zahlreichen rühmenswerten Ausnahmen führen auf den ländlichen Rathäusern recht oft unverantwortliche Engherzigkeit, Härte, Gleichgültigkeit und Nachlässigkeit das Regiment. Die Unterstützungsbedürftigen sehen sich einer brutalen Behandlung seitens ihrer steuerzahlenden Mitbürger ausgesetzt, die es ihnen geraten erscheinen läßt, lieber die äußersten Entbehrungen sich aufzuerlegen und ihr Elend im stillen weiterzutragen, um nur nicht die herbe Kritik ihrer Ortsgenossen bei jeder Gelegenheit hinnehmen zu müssen.

Ist schon die Erlangung einer Unterstützung für den nötigsten Lebensunterhalt auf dem Lande mit Schwierigkeiten verknüpft, so ist von allem, was des weiteren nach dem Wortlaut und dem Sinne des Gesetzes den Bedürftigen zu leisten ist, meist gar keine Rede. Ausschlaggebend pflegt allein der Geldpunkt zu sein, während die pflegerische Seite der öffentlichen Armenpflege wenig Beachtung findet oder ganz außer Betracht bleibt. Was kümmert's z. B. eine ländliche Ortsarmenbehörde, wo die Leute schlafen? Landgemeinden, die selbst im schlimmsten Notfalle ein Bett verwilligen würden, werden, wenn sie überhaupt existieren, dünn gesät sein. Ob Kranke und Gesunde, ob erwachsene Kinder beiderlei Geschlechts in einem Bett zusammenschlafen, und wie viele neben- oder fast aufeinander zusammengepfercht liegen, — das sind „sentimentale Erwägungen", für welche eine ländliche Ortsarmenbehörde im allgemeinen keinen Sinn hat. Und doch ist die noch viel zu wenig beachtete Bettennot oft haarsträubend, und ich kann Ihnen die traurigsten Bilder vorführen, die sicherlich bei näherem Nachforschen in Nord und Süd gleichermaßen sich zeigen, glücklicher- oder unglücklicherweise aber nicht öffentlich in die Erscheinung treten. Daß das ungetrennte Zusammenschlafen der Geschlechter die Unsittlichkeit befördert, gibt man zwar zu, aber man zieht nicht die Folgerungen daraus, sonst könnte ein Ortsvorstand ziffermäßig ausrechnen, daß mancher böse Schaden, der nun den Gemeindebeutel empfindlich belastet, mit wenig Aufwand und Fürsorge sich einst hätte vermeiden lassen.

Die Krankennot will ich an einem einzigen Beispiel veranschaulichen, das eine deutliche Sprache spricht: In einer Landgemeinde, die allerdings durch eine in der nahen Stadt arbeitende Bevölkerung mit Lasten aller Art überbürdet ist, ward bei einem Verein, über den ich Ihnen nachher berichten werde, um die Unterbringung eines Kindes in einem Soolbad gebeten, weil damit nach ärztlichem Ausspruch die einzige Möglichkeit geboten sei, das im Gesicht mit wachsenden Flechten behaftete Kind zu heilen und damit vor bleibendem Schaden zu bewahren. Der Verein wollte dabei grundsätzlich die verpflichtete Gemeinde zum teilweisen Ersatz der Kosten heranziehen, bekam aber die Antwort, daß in der Gemeinde noch mehr ähnlich kranke Kinder seien, und daß der Konsequenzen wegen eine Beteiligung an den Kosten abgelehnt werden müsse. Entweder müsse der Verein die Auslagen allein tragen, oder das Kind gehe dieser Fürsorge verlustig!

Ich könnte bei dem unerschöpflichen Kapitel über die Mangelhaftigkeit der Armenpflege seitens kleiner, finanziell schwacher Ortsarmenverbände noch lange verweilen, aber ich benötige die mir zur Verfügung stehende Zeit zu nutzbringenderen Darlegungen und möchte schließlich nur noch die Frage streifen, ob die Schuld an der Mangelhaftigkeit der ländlichen Armenpflege nur bei den betreffenden Ortsarmenbehörden liegt. Ich verneine dies aufs bestimmteste. Viele zweifellos möchten gerne helfen, aber es fehlen die Mittel, zumal wenn knappen Einnahmen verhältnismäßig große Lasten gegenüberstehen. Sie befürchten nicht ohne Grund, daß die Berücksichtigung einzelner Bedürftiger den Anfang zu weiteren Gesuchen bilden könne, die ohne Erhöhung der Gemeindeumlagen und damit ohne Störung des guten Einvernehmens zwischen Rathaus und Bürgerschaft nicht berücksichtigt werden könnten. Und darum erfahren Arme, selbst wenn es sich um einen noch so offenkundigen Notstand handelt, vielfach die kurze, völlig gesetzwidrige Abweisung: „Unterstützung wird abgelehnt um der Konsequenzen willen, denn die Gemeinde ist mit anderen Lasten überbürdet", oder: „Bei den vielen Ortsarmen kann mit Unterstützung gar nicht angefangen werden." Für eine vorbeugende Armenpflege fehlt vollends das Verständnis. Der Ortsarmenverband ist zu klein, um für sich allein Träger der Armenlast sein zu können.

Und damit kommen wir auf Punkt 2 unserer Besprechung:

Was kann auf gesetzlichem Wege zur Besserung der ländlichen Armenpflege geschehen?

Der Gesetzgeber hat vorausgesehen, daß bei der Bestimmung, wonach jede politische Gemeinde für die Armenlast aufzukommen hat, eine Lücke klaffe. Er hat deshalb die Möglichkeit der Bildung von größeren Verbänden nicht nur nicht ausgeschlossen, sondern er hat in § 59 des Reichsgesetzes über den Unterstützungswohnsitz den Bundesstaaten mittelbar oder unmittelbar die Erstattung der die Leistungsfähigkeit eines Armenverbandes übersteigenden Armenkosten zur Pflicht gemacht. In Württemberg ist durch Artikel 25 des Ausführungsgesetzes zum Unterstützungswohnsitzgesetz den Landarmenbehörden die Verpflichtung auferlegt, den durch Armenlasten überbürdeten Ortsarmenverbänden in ihrem Bezirk eine Beihilfe zu gewähren und die Zahlung und Erstattung ihrer Armenkosten zu übernehmen, die sie ganz oder teilweise zu tragen außer stand sind. Aber die vier Landarmenverbände Württembergs haben eine zum Teil recht verschiedene Auffassung darüber, ob überhaupt bezw. in welchem Umfang Überbürdung und Anlaß zur Beihilfe vorliege, und nicht alle scheinen ihrer durch diese gesetzliche Bestimmung festgelegten Pflicht zur Übung ausgleichender Gerechtigkeit sich bewußt zu sein. Es ist bedauerlich, daß die Gewährung der Beihilfe von Voraussetzungen abhängig gemacht wird, die manche Gemeinden von der Einreichung eines dahingehenden Bittgesuches abhalten, während andere vielleicht aus Gleichgültigkeit, vielleicht aus Schamgefühl davon absehen, um Dritten keinen Einblick in ihre oft traurigen Verhältnisse zu geben, und um nicht von den übrigen beteiligten Gemeinden als minderwertig betrachtet zu werden. Wenn nun auch die Versorgung gewisser Hilfsbedürftiger wie z. B. Schwachsinniger, Geisteskranker, Blinder, Taubstummer usw. infolge landesgesetzlicher Vorschrift oder Erlaubnis den Ortsarmenverbänden ganz oder teilweise ab- und auf die Landarmenverbände übernommen worden ist, so übersteigt doch die Ausübung einer in allen Stücken gerechten Armenpflege immer noch die Kraft vieler ländlicher Gemeinden, denn es ist nicht ausgeschlossen, daß gerade die leistungsunfähigsten Gemeinden mit Armenlasten besonders belastet sind. Die Ortsbehörden suchen sich nun dadurch zu helfen, daß sie bei den Bedürftigen ein, wenn auch rein nominelles und tatsächlich nicht vorhandenes Vermögen ausrechnen. Ist die Unterstützung aber gar nicht zu umgehen, dann hilft man vielfach nicht aus Nächstenliebe und Menschenpflicht,

und man erstrebt auch in der Regel nicht, dem Armen wieder zu einer
sicheren Grundlage zu verhelfen, sondern man greift nur in ganz unzuläng=
licher Weise ein und läßt das Elend ruhig zu einem chronischen werden, un=
bekümmert um das, was später daraus werden mag. Diese ungenügende
Armenfürsorge ist aber dazu angetan, die ländliche Bevölkerung immer mehr
nach den Städten zu locken, wo man weniger der Beaufsichtigung untersteht
und nötigenfalls leichter Unterstützung erlangt.

Bei der Ausgiebigkeit auch dieses Stoffes ist mir eine erschöpfende
Behandlung nicht möglich. Und deshalb beantworte ich die Frage, was
zur Beseitigung dieser Mißstände auf gesetzlichem Wege geschehen kann,
kurzweg dahin, daß eine Besserung nicht anders als durch eine gleichmäßigere
Verteilung der Armenlasten erreicht werden kann. Eine durchweg einheit=
liche und gerechte Armenpflege ist für kleine Verbände lediglich durch eine
Ausgleichung der Kosten in einem größeren Verbande zu erzielen. Selbst=
verständlich müssen die Ortsarmenbehörden immer die Organe bleiben, welche
die Fürsorge für ihre Ortsarmen auszuüben haben, denn die Armenpflege
kann umso sachgemäßer geübt werden, je näher der Pflegende dem Unter=
stützungsbedürftigen steht, je besser er die Verhältnisse zu übersehen und je
mehr er die Fürsorge zu individualisieren vermag. Aber das hindert nicht,
daß das Prinzip, nach welchem die einzelne Gemeinde für ihre Armen aus
eigenen Mitteln allein aufzukommen hat, verlassen wird. Wenn die öffent=
liche Armenpflege im Grund doch als eine Pflicht der Gesamtheit des Staates
anerkannt werden muß, der sie durch seine Gesetzgebung regelt, ihre richtige
Ausführung verbürgt und diese nötigenfalls durch seine Beihilfe ermöglicht,
und wenn anderseits die öffentliche Unterstützung in erster Linie aus Rück=
sichten der allgemeinen Wohlfahrt eintritt, so wird auch der Staat nicht ab=
lehnen können, diejenigen gesetzlichen Einrichtungen zu treffen, die zur Ab=
stellung des Übelstandes beizutragen geeignet sind. Wenn z. B. der Orts=
armenverband ein Viertel des Armenaufwandes zu leisten hätte, während
der Kreis= oder Provinzialverband für ein Viertel und die Staatskasse direkt
oder durch den Landarmenverband für die letzten zwei Vierteile aufkäme,
so wäre eine zweck= und planmäßige Armenpflege auch in armen Landorten
gesichert und könnte nötigenfalls erzwungen werden. Daß die Ortsarmen=
verbände von dem Fehler des zu wenig in den des zu viel verfallen würden, wäre
kaum zu befürchten, denn eine wirksame Aufsicht zur Verhütung von Miß=
brauch ließe sich unschwer durchführen. Auch die Städte würden im eigenen
Interesse in der Bemessung ihrer Armenunterstützung sich hüten, liberaler
als bisher zu sein, weil sie sonst den Zuzug vom Lande künstlich fördern
würden. Über die Darreichung des Notwendigsten darf bei der öffentlichen
Armenpflege selbstverständlich nirgends hinausgegangen werden, einerseits,
weil ihr Aufwand aus Steuermitteln, d. h. durch Erhebung von Zwangs=
beiträgen gedeckt werden muß, und anderseits, weil die Unterstützten keinen=
falls besser gestellt sein dürfen, als diejenigen, die sich, wenn auch noch so
kümmerlich, ohne Unterstützung durchbringen. Für das, was über den
Rahmen des Notwendigsten hinausgeht, muß der freien Liebestätigkeit
Spielraum gelassen werden, und sie ist es auch, der auf dem Lande noch
ein weites, überaus dankbares Feld der Betätigung offensteht. Ich komme

damit an den dritten, überall ohne weiteres durchführbaren und mir am wichtigsten erscheinenden Teil meiner Ausführungen:

Was kann durch Vereinstätigkeit zur Beseitigung akuter Notstandsfälle auf dem Lande geschehen?

Gestatten Sie mir, daß ich Ihnen darüber aus der Praxis über einen Verein berichte, der Ihrer Beachtung wert sein dürfte.

Es sind nun bald 22 Jahre her, daß in Stuttgart ein Verein gegründet wurde, der bei Notstandsfällen auf dem Lande, soweit die öffentliche Armenpflege nicht einzutreten hat, den Betroffenen eine wirksame Hilfeleistung bringt, wobei er sich aber in seiner Tätigkeit auf Württemberg und Hohenzollern beschränken muß. Nicht außerordentliche Vorfälle führten zu seiner Gründung, sondern nur die Erkenntnis, daß immer wieder da und dort in armen Landgemeinden akute Notstandsfälle eintreten, für welche die nötigen Hilfsquellen fehlen, und daß Vereine, die ihre Gaben in der Regel nicht über 20 Mark bemessen, einer solchen Aufgabe nicht gewachsen seien. Der Verein erhielt denn auch, um Mißverständnissen tunlich zum voraus zu begegnen, den Namen „Verein zur Hilfe in außerordentlichen Notstandsfällen auf dem Lande", den er trotz seiner Länge aus Zweckmäßigkeitsgründen beibehalten hat, den aber der Volksmund bald in das einfache Wort „Notstandsverein" abkürzte. Vom Stuttgarter Notstandsverein soll nun des näheren die Rede sein, denn er verdient es in der Tat, auch einmal an das Licht der weiten Öffentlichkeit gezogen zu werden.

Der Notstandsverein hat die Aufgabe, unter Mitwirkung der ländlichen Ortsbehörden, d. h. Pfarrer und Ortsvorsteher, der Armut nachzugehen, ihr so gut als möglich entgegenzuwirken, säumige Ortsarmenbehörden zur Mithilfe anzuspornen, Kranken, die einer Anstaltspflege bedürfen, dazu zu verhelfen und dergl. mehr, und für alles dieses hat er zur Erlangung der erforderlichen Geldmittel die Teilnahme und Handreichung der Bessergestellten in Stadt und Land zu wecken. Der Verein gibt zu diesem Zweck jährlich drei Nummern seines Blattes „Bilder ländlicher Armut" heraus, die in einer Auflage von derzeit 16 500 Exemplaren auf Kosten der Vereinskasse innerhalb Württembergs verbreitet werden. Bei den Schilderungen einzelner Notstände unterbleibt selbstverständlich jede Namens- und Ortsangabe. Von der Osternummer dieses Blattes — die Septembernummer erscheint dieser Tage — liegt eine größere Anzahl von Exemplaren hier auf für diejenigen, die Interesse dafür haben. Über die Menge der darin bescheinigten Gabeneingänge, die sich auf nur 3½ Monate erstrecken, werden Sie erstaunt sein, und Sie werden darin den Beweis erkennen, daß der Verein, gleichwie seine Hilfeleistung auf dem Lande sich unentbehrlich gemacht hat, auch bei den Gebenden ein Liebling geworden ist, den man bei jeder Gelegenheit gerne berücksichtigt. Ich möchte nicht unterlassen beizufügen, daß die in unsern Blättern ohne jede Zutat abgedruckten Schilderungen, die jeweils mit der betreffenden Protokollnummer versehen sind, meist diejenigen Fälle enthalten, welche die Mildtätigkeit des Lesers in besonderem Grade zu wecken geeignet sind.

Der Notstandsverein will nicht die öffentliche Armenpflege ersetzen, sondern sie im Anschluß an die kirchliche und freiwillige Fürsorge ergänzen. Er bezweckt, bedrängte würdige Angehörige armer ländlicher Gemeinden durch eine wirksame Beihilfe vor gänzlicher Verarmung zu bewahren und in besonderen Fällen auch solchen, die ihre Existenzgrundlage bereits verloren haben, aufs neue zu einer solchen zu verhelfen. Selbstverständlich würden die Vereinsmittel niemals dazu reichen, um auch Fälle gewöhnlicher Armut, für die nach dem Unterstützungswohnsitzgesetz der verpflichtete Armenverband aufzukommen hat, zu berücksichtigen. Wo es sich also um chronische Not, um eine regelmäßig wiederkehrende Unterstützung handelt, kann und will der Verein die gesetzliche Fürsorgepflicht der Gemeinde nicht abnehmen; wo aber Fälle akuter Not sich zeigen, ist der Verein zur Mithilfe bereit, wobei jeder einzelne Fall auf einem vorgedruckten Fragebogen, der vom Ortsgeistlichen und Ortsvorsteher zu unterzeichnen ist, eingereicht werden muß. Auch von diesem Fragebogen liegen Exemplare zu Ihrer Verfügung hier auf. Durch die Mitwirkung des Ortsgeistlichen, durch dessen Hand auch die gewährte Unterstützung geht, wird die sittlich-religiöse Hebung des Bedürftigen und seine praktische Beratung erstrebt, während anderseits der Ortsvorstand die Vermögensverhältnisse des Notleidenden am besten überschaut und über die bei der Bemessung der Vereinsgabe in Betracht zu ziehende finanzielle Lage der Gemeinde genaue Auskunft geben kann. Abgesehen von vereinzelt stehenden Ausnahmen hat der Verein für seine Zwecke das Zusammenwirken des geistlichen und des weltlichen Ortsvorstehers als durchaus zweckmäßig erkannt.

Und nun gestatten Sie mir, einige Beispiele anzuführen, aus denen Sie die Arbeitsweise des Notstandsvereins zu erkennen vermögen:

1. Eine kinderreiche Familie ist durch Krankheit und sonstige Unglücksfälle in Schulden geraten, die sich auf 200 Mk. beziffern. Klage ist eingereicht, das kleine Besitztum ist gefährdet. Von den Kindern ist das älteste erst 14 Jahre alt. Der Verein will der Familie gründlich helfen und beschließt deshalb, von sich aus 120 Mk. zu bewilligen für den Fall, daß die Gemeinde die noch erforderlichen 80 Mk. zinsfrei leihe und dafür sorge, daß das bescheidene Eigentum der Familie erhalten bleibe. Der Schultheiß antwortete: Die Gemeinde habe keinen Armenetat und könne nichts leisten, dagegen wolle er persönlich die 80 Mk. leihen und dafür einstehen, daß mit Hilfe der angebotenen Vereinsunterstützung die Familie vor der ihr drohenden Gefahr bewahrt bleibe.

2. Die einzige Kuh, für die der Händler noch 150 Mark zu fordern hat, mußte notgeschlachtet und verscharrt werden. Der Viehhändler verlangt nun, daß eine andere Kuh zu übertrieben hohem Preise ihm abgekauft und daß für die alte Schuld ein Wechsel ausgestellt werde. Die Familie kann kein Bargeld auftreiben und ist somit, wenn ihr nicht geholfen wird, der Willkür des Händlers preisgegeben. Ein Viehversicherungsverein fehlt noch am Ort. Der Fall liegt somit trostlos. Der Verein beschließt, um die kinderreiche Familie über Wasser zu halten, die Bezahlung der gesamten alten Schuld mit 150 Mk. und dazu eine weitere Gabe von 50 Mk., also insgesamt 200 Mk. unter der Bedingung, daß die neu anzuschaffende Kuh unter Umgehung jenes Viehhändlers mit Hilfe eines Darlehens der Gemeinde gekauft

werde. Da der Verein 50 Mk. an der neuen Kuh bezahlt, so hat die Gemeinde kein Risiko, wenn sie für ihr Darlehen das Eigentumsrecht auf die neue Kuh sich vorbehält, wobei natürlich vorausgesetzt wird, daß durch die Gründung eines Viehversicherungsvereins derartige, den einzelnen ruinierende Verluste künftighin vermieden bleiben. Daß der Mann diesmal beim Viehkauf sachverständig beraten werde, ist ohne weiteres anzunehmen.

3. Einem armen Schuhmacher ist seine Frau, die Mutter seiner 5 Kinder gestorben, nachdem sie lange Monate seiner Pflege bedurft hatte, wobei er von der Arbeit abgehalten war, weil er auch noch die Haushaltung besorgen, kochen und nach den Kindern sehen mußte. Nun soll er 200 Mk. für Leder bezahlen, die er diesmal nicht zurücklegen konnte. Ehe aber die Schuld bereinigt ist, bekommt er kein neues Leder. Von der Gemeinde will er nichts, da er die üblen Nachreden fürchtet. Sein ältestes Töchterchen wird wohl bald den kleinen Haushalt führen können, aber vorerst braucht er noch fremde Hilfe. Der Verein setzt sich mit dem Lederhändler in Verbindung, zahlt einen Teil der alten Schuld und verbürgt sich für eine neue Lederlieferung, damit der Schuster an der Ausübung seines Handwerks nicht länger behindert ist.

4. Der Vater liegt seit langer Zeit krank und wird wohl nicht mehr aufkommen. Die Mutter hütet die Kinder, besorgt den Haushalt und die kleine Landwirtschaft, arbeitet auch bei ihren Nachbarn gegen Lohn, aber dabei ist Schmalhans Küchenmeister geworden und es fehlt an allem. Arzt und Apotheker haben ihre Rechnungen im Gesamtbetrag von 50 Mk. gesandt, zu deren Bezahlung jede Möglichkeit fehlt. Die einzige Kuh hat der Viehhändler wieder geholt, und damit ist für die Kleinen die Milchquelle versiegt. Aber rechnerisch konstatiert der Ortsvorsteher nach Abzug der Schulden auf Haus, Acker und Wiese noch ein Reinvermögen von 800 Mk., so daß von Gemeindeunterstützung keine Rede ist. Der Verein sendet 100 Mark, damit in erster Linie zwei gute Ziegen als Milchspender beschafft werden. Mit dem Rest sollen die Arzt- und Apothekerrechnungen beglichen werden, wobei dem Ermessen des Ortspfarrers anheimgegeben wird, um deren Reduzierung für den Fall sofortiger Bezahlung zu bitten, so daß womöglich für den kranken Mann noch einige Mark übrig bleiben.

5. Eine Witwe hat, um sich und die Ihrigen besser durchzubringen, eine Nähmaschine nötig. Das Gesuch für sie enthält die Bitte um eine Gabe, damit sie eine solche mit Ratenzahlungen erstehen könne. Im Fragebogen ist bestätigt, daß die Frau fleißig und geschickt sei und durch den Besitz einer Nähmaschine ihr schweres Los leichter gestalten könne. Der Notstandsverein ist nun in der Lage, der armen Witwe viel besser zu helfen, als diese je zu hoffen gewagt hätte. Er hat des öfteren in Erfahrung gebracht, daß armen Landleuten von Agenten und Händlern Nähmaschinen um hohen Preis, bis zu 130 Mk., mittelst Ratenzahlung aufgehalst werden, und daß ihnen dann, wenn sie mit der Bereinigung der Raten im Rückstande bleiben, die Nähmaschine wieder weggenommen wird. Der Notstandsverein hat sich deshalb mit einer größeren Nähmaschinenverkaufsstelle ins Benehmen gesetzt und ist demzufolge in der Lage, den Armen auf dem Lande eine Nähmaschine neuesten und besten Systems mit Fußbetrieb um

57 Mk., mit Hand- und Fußbetrieb um 65 Mk., eine solche für Trikot-Arbeit um 82 Mk. zu liefern. Während er sonst je nach Lage der Umstände seine Auslagen ganz oder teilweise sich ersetzen läßt, hat er im vorliegenden Falle sofort franko eine Nähmaschine mit Hand- und Fußbetrieb geschenkt, was die Empfängerin zu Tränen gerührt hat.

Die Zweckmäßigkeit dieser Nähmaschinenfürsorge geht aus dem Briefe eines Landpfarrers hervor, in dem es heißt:

„Wie gut ist es, daß ich mich in Nähmaschinenangelegenheiten unserer Armen an Sie wenden darf. So können wir immer überzeugt sein, solide Maschinen zu erhalten, und das ist recht nötig in unserer abgelegenen Gegend. Vor wenigen Wochen „arbeiteten" zwei Reisende in unserem Kirchspiel. Sie verstellten etwa 20 und in zwei Nachbarorten eine ähnliche Zahl von Maschinen, aber alle um 100 oder über 100 Mk. Nun gibt es Streitereien, weil die Maschinen nicht gefallen. Wie sicher und ruhig laufen dagegen alle Fäden vom Pfarramt aus durch Ihre bewährte Hand!"

6. Eine recht zahlreiche Familie hat, weil sie keine Mietswohnung mehr finden konnte, ein altes Häuschen gekauft. Nun hat sich nachträglich herausgestellt, daß die Behörde eine Neuherstellung des Daches und sonstige nicht aufzuschiebende Reparaturen verlangt, wozu die Leute außerstande sind. Vom Verein ist eine möglichst hohe Gabe erbeten, da die Baukosten 500 Mk. betragen werden. An solchen Gesuchen, die den Mangel einer sachgemäßen örtlichen Beratung erkennen lassen, hat der Verein keine Freude. Aber helfen muß er, sonst würde im vorliegenden Falle das Schlimmste eintreten. Er stellt also 200 Mark in Aussicht für den Fall, daß die weiter erforderlichen 300 Mk. von der Gemeinde, von Verwandten oder sonstwoher nachweisbar ohne drückende Bedingungen aufgebracht werden und überläßt dem Ortsvorstand und Pfarrer die weiteren Schritte dafür.

7. Eine gesunde Familie, deren Reinvermögen sich auf 3000 Mk. beziffert, hat eine ihrer zwei Kühe verloren und erhofft eine Unterstützung. Der Verein ist der Ansicht, daß die Familie, wenn auch unter erschwerten Umständen, sich selbst helfen könne und lehnt das Gesuch ab mit der Begründung, daß er für bloßen Verlust, der keine Not im Gefolge habe, nicht aufkommen könne, sintemal er kein Versicherungsverein gegen eintretenden Schaden sei.

Ebenso erfährt Abweisung ein Gesuch für ein altes Ehepaar, das wegen Krankheit mit der Zinszahlung im Rückstand blieb und nun zahlen soll, aber ein, wenn auch jetzt nicht realisierbares rechnerisches Vermögen von 1200 Mark besitzt. Die Kinder sind erwachsen und auswärts teils im Dienst, teils verheiratet. Der Verein empfiehlt der Ortsarmenbehörde, den alten Leuten einen Vorschuß auf Wiederersatz nach dem Ableben zu geben und ihnen damit aus der augenblicklichen Not zu helfen, wobei der Gemeindekasse keinerlei Risiko erwachsen könne. Der Notstandsverein, so wird beigefügt, habe keine Veranlassung, durch eine Gabe das einstige Erbteil der erwachsenen Kinder zu vergrößern, die ihre Hilfe den Eltern versagen.

8. Der Verein hat auch schon seinen Einfluß geltend gemacht gegen den Alkoholmißbrauch. Das Gesuch sagte: der Mann ist ein Trinker,

Frau und Kinder sind geordnet. Die Familie ist in Not, denn sie ist wegen einer Schuld von 60 Mark eingeklagt, zu deren Bezahlung alle Mittel fehlen. Der Verein beschloß: wir sind geneigt, diese 60 Mk. in 6 Monatsraten à 10 Mk. zu bezahlen, wenn und solange der Mann sich verpflichtet, vom Alkohol durchaus sich zu enthalten. Sobald irgendeine Verfehlung eintritt, hören die Monatszahlungen ohne weiteres auf. Das war eine strenge, aber doch die einzig richtige Kur. Der Mann wollte die Vergünstigung erlangen, daß man bloß den Schnaps ausschalte und ihm hie und da ein Glas Bier oder Obstmost gestattete. Aber das wäre nur eine halbe Maßregel gewesen. Da nun der Mann das Geld brauchte, mußte er wohl oder übel auf die Bedingung eingehen, die nur sein eigenes Wohl bezweckte. Hoffentlich bleibt er seinem Vorsatz treu und wird von seiner Alkoholleidenschaft befreit.

9. Ein vorgelegtes, als dringend bezeichnetes Gesuch bittet um Unterstützung für eine kranke Mutter, die sofort operiert werden müsse. Mit umgehender Post wird unser Freibett im Stuttgarter Diakonissenhause zur Verfügung gestellt, das nicht auf ein einzelnes Bett sich beschränkt, sondern auf 365 Pflegetage im Jahr lautet, so daß mehrere Kranke zumal aufgenommen werden können. Ein anderes Freibett gleicher Art hat der Verein in der Wernerschen Kinderheilanstalt Ludwigsburg, das gleichermaßen für die Wernerschen Heilanstalten im Soolbad Jagstfeld und für Wildbad in Anspruch genommen werden kann. Auch dieses Freibett kommt vielen armen und kranken Kindern zu gut und wird in liberalster Weise verwilligt. Wenn der Verein über mehr als 365 Pflegetage verfügt, was namentlich im Kinderfreibett vorkommt, in dem oft schwer skrophulöse Kinder viele Monate belassen werden müssen, wird am Schluß jedes Jahres die überschießende Zahl der Pflegetage aus der Vereinskasse bezahlt.

So könnte ich mit zahlreichen weiteren Beispielen aus unserer Arbeit dienen. Nur eines näher zu betonen halte ich für meine besondere Pflicht, nämlich die Bettennot, die viel zu wenig Beachtung findet. Eine Enquete auf dem Lande würde gewiß überall recht betrübende Bilder liefern und eine Not bloßlegen, für die oft nicht einmal die Betroffenen — wie viel weniger die Mitglieder einer ländlichen Ortsarmenbehörde! — volles Gefühl und Verständnis haben. Und doch hat die Bettennot sittliche und gesundheitliche Mißstände der schlimmsten Art im Gefolge, die, abgesehen von den inneren Schäden, den Ortsarmenbehörden auch rechnerisch oft recht teuer zu stehen kommen, ohne daß diese vielleicht der Ursache nachgespürt und sie erkannt hätten. Darf ich Ihnen einige Fälle von Bettennot kurz vor Augen führen?

1. Mann, Frau und sieben Kinder, also neun Personen, haben nur drei schmale, schlechte Betten. Die Kinder liegen zu Dreien in einem Bett, zwei oben und eines unten, einige auf ausgebreiteten Bettstücken auf dem Boden. Für den kargen Unterhalt der Familie reicht der Verdienst des Mannes, aber die Möglichkeit der Anschaffung eines Bettes ist völlig ausgeschlossen, und doch ist sie bei dem Größerwerden der Kinder nicht länger zu umgehen.

2. Die Großmutter, die oft halbe Nächte in ihrem Bett sitzt, wasser-

süchtig ist und nach Atem ringt, muß mit ihrem 17 jährigen Enkelsohn das Bett teilen, der sich tagsüber müde schafft und nachts, unbekümmert um die Großmutter, den Schlaf des Gerechten schläft. Könnte, so lautete die Bitte, die Großmutter nicht ein Bett bekommen, wodurch gleichzeitig eine ganz andere Einteilung im Nachtlager der Familie möglich wäre?

3. Die Kinder liegen direkt unter dem Dach, durch das der Wind streicht und auch der Regen tropft, auf Stroh und dürftigen Bettstücken. Im Winter, wenn es gar zu kalt wird, ziehen sie den wärmeren Ziegenstall vor.

4. Ein rückenmarkleidendes 12 jähriges Mädchen liegt im schmalen Bett mit ihrer Mutter. Wenn diese sich bewegt, werdem dem kranken Kinde Schmerzen bereitet.

5. Im Hause des armen Tagelöhners muß ein Knabe von 13 Jahren mit seinen zwei Schwestern von 11 und 8 Jahren in einem Bett schlafen, das eigentlich kein Bett ist, sondern ein Lager Stroh mit einer leichten Decke darauf.

6. Eine lungenkranke Mutter, die oft im Schweiß gebadet ist, hat zwei Kinder im Bett, wobei es allen Drei an Platz und Ruhe fehlt.

In allen derartigen Fällen schickt der Notstandsverein ohne Zögern ein neues Bett, bestehend aus Unterbett, Oberbett, Strohschlauch, Kissen, Haipfel, alles mit doppelten, dauerhaften Bezügen versehen, was mit Rücksicht auf seinen großen Bedarf nur etwas über 80 Mk. kostet. Wenn auch der Gemeinde die Fürsorge pflichtmäßig zur Last fiele, so wäre es in der Regel zwecklos, Unterstützung in der Gestalt eines Bettes zu erhoffen. Nur bei finanziell bessergestellten Gemeinden macht der Verein manchmal die Abgabe von Betten von einer teilweisen Bezahlung seitens der Ortsarmenbehörde abhängig, sonst aber ist er in der Verwilligung von Betten äußerst liberal und entgegenkommend. Die Abgabe geschieht immer nominell leihweise, um jeden Mißbrauch oder die Pfändung der Betten seitens eines Gläubigers zum voraus hintanzuhalten. Der Verein hat aber noch nie ein Bett zurückgenommen, denn wenn je eines frei wird, hat der betreffende Ortspfarrer stets neue Verwendungsvorschläge.

Für Neuanschaffung von Betten und für Abgabe einzelner Bettstücke pflegt der Verein etwa 5—6000 Mk. per Jahr auszugeben. Auch sonst sorgt er, wo und wie er kann, für seine Pflegebefohlenen, und wenn z. B. in einem Gesuch auch nur beiläufig erwähnt ist, daß ein Armer ein Bruchleiden habe, so wird bei der Erledigung des Falles regelmäßig die Bemerkung angefügt: „Sollte der Betreffende kein oder kein gutes Bruchband haben, so darf auf Rechnung des Vereins ein solches angeschafft werden." Die Erledigung von Gesuchen, bei der irgendwie Gefahr im Verzug ist, geschieht rasch und ohne jede bureaukratische Schwerfälligkeit. Unter seinen Ausschußmitgliedern hat der Notstandsverein auch einen Rechtsanwalt, der Rechtsfälle von Armen, die ihm vom Vereinsschriftführer zur Begutachtung vorgelegt werden, kostenfrei erledigt. Man weiß im Schwabenlande, daß der Notstandsverein seinen Armen kein Unrecht zufügen läßt, und schon diese Erkenntnis wirkt reinigend gegenüber unsauberen Elementen.

Und wenn Sie nun fragen, woher all die Geldmittel kommen, die man zu solcher Arbeit braucht, so kann ich Ihnen mit freudiger und dankbarer Genugtuung sagen, daß der Notstandsverein dieserhalb niemals irgendwie in Verlegenheit war, daß er niemals einen Unterstützungsbeitrag niedriger bemessen oder gar ablehnen mußte, weil seine Kasse den Anforderungen nicht gewachsen gewesen wäre. Die laufenden Ausgaben und Einnahmen beziffern sich per Jahr je auf durchschnittlich etwa 40000 Mk., und daneben hat der Verein eine namhafte Zahl von Legaten für seinen Grundstock zu verzeichnen, der als Reserve für Zeiten der Krisis und der Not dienen soll, die dem Verein auch einmal reduzierte Einnahmen und wesentlich vergrößerte Ausgaben bringen könnten. Und wie der Verein seine zwei Freibetten gestiftet bekam, so hat ihm auch ein Freund seiner Arbeit ein vierstöckiges, von neun Familien bewohntes Eckhaus in Stuttgart mit jährlichem sicheren Ertrage zum Geschenk gemacht mit der Bestimmung, die Einnahmen daraus teilweise derart zu verwenden, daß etwa 50 Ortsgeistliche in besonders armen Landgemeinden auf Weihnachten und zur Konfirmation zu beliebiger Verteilung jeweils einen gewissen Betrag in die Hand gelegt bekommen. Es ist kaum nötig, beizufügen, daß sämtliche Mitarbeiter des Notstandsvereins in all den Jahren ihre Arbeit ehrenamtlich geleistet und niemals aus der Vereinskasse irgendwelche Belohnung bezogen haben.

Und nun noch ein kurzes Wort über unsere Organisation, sonst könnte die irrige Meinung aufkommen, daß es sich um einen größeren Apparat handle, für den die erforderlichen Mitarbeiter nur schwer zu gewinnen seien. Unser Ausschuß, der alljährlich nur einmal zur Entgegennahme der Rechnung und zur Erledigung grundsätzlicher Fragen zusammentritt, besteht aus 15 Mitgliedern, von denen etwa 6 Herren die Unterstützungskommission bilden, die regelmäßig nach 14 Tagen über die vorliegenden Gesuche beschließt. In jeder dieser Sitzungen werden genaue Nachweise über den Stand der Kasse usw. vorgelegt. Zur ungesäumten Erledigung dringlicher Gesuche ist der Schriftführer in Gemeinschaft mit dem Rechner ermächtigt, und es sind diese beiden Ämter diejenigen, denen die Hauptarbeit obliegt. Ein weiteres Mitglied der Unterstützungskommission hat die Bestellung der verwilligten Betten übernommen, einem andern ist die Fürsorge für Nähmaschinen übertragen, während ein dritter die Versendung unseres Blattes „Bilder ländlicher Armut" überwacht. Alle diese Herren betrachten ihre Arbeit nicht als Last, sondern als Lust und freuen sich, an einem Werke mithelfen zu dürfen, dessen tiefempfundener und nachhaltiger Wert aus den täglich einlaufenden Danksagungen ersichtlich ist. Daß neben dem Jammer, der aus dem persönlichen Augenschein, den die Unterstützungskommission in armen Landorten wiederholt vornahm, und aus den zahlreich einlaufenden Gesuchen uns entgegentritt, doch auch der Humor zu seinem Rechte gelangt, möge Ihnen zum Schluß ein poetisches Gesuch erweisen, das einem Fragebogen beilag, in dem für einen armen Bauer und Fuhrmann gebeten ward, der schon viel Krankheit in der Familie und viel Unglück im Stall hatte und sich selbst einer gefährlichen Operation unterziehen mußte, so daß die Schuldposten auf

172 Mk. aufliefen, für deren Bezahlung das Geld fehlte. Die Verse lauteten:

Da steht es wieder müd' und matt,	Im Stall ging drauf die beste Kuh
So steif und dürr und lebenssatt,	Und Weib und Sohn schwerkrank dazu!
Das Rößlein, das in bessern Tagen	Und dann — kein Tag war zu verlieren —
Den kecken Reiter stolz getragen.	Ging's hinter ihn mit Operieren.
Nun ist's den ganzen Tag im Strang	Da hat man tüchtig ihn gezwickt
Bergauf, bergab am steilen Hang.	Und noch einmal herausgeflickt.
Damit verdient sich schwer und sauer	Wenn nun nach überstand'nen Qualen
Sein kärglich Brot ein kranker Bauer.	Er nur auch wüßte, wovon zahlen!
Der gäb ihm Haber g'nug und Heu	Ach wertester Notstandsverein,
Und herzlich gern die beste Streu,	Du könntest wohl das Rößlein sein
Fräß nur bis auf den letzten Gulden	Und — mit Verlaub — die Rechnung fressen;
Das Rößlein auch des Bauern Schulden.	Der Bauer würd' dir's nie vergessen!

Meine Verehrten, es wäre mir eine große Freude, wenn auch anderweitig nach dem Stuttgarter bewährten Vorgange solche Vereine, die sich der Notleidenden auf dem Lande annehmen, entstehen würden. Die Persönlichkeiten für eine so dankbare, herzquickende Arbeit werden sich gewiß finden lassen, und zur Erteilung jeder erwünschten schriftlichen Auskunft werde ich gern bereit sein.

(Lebhafter anhaltender Beifall.)

Berichterstatter Landesrat Dr. Drechsler-Hannover: Meine Damen und Herren! Die Verschiedenheit der wirtschaftlichen Verhältnisse, der Gesetzgebung und Verwaltung hat auch eine bunte Gestaltung der ländlichen Armenpflege zur Folge. Es ist schwer, sich ein einheitliches Bild zu machen, und es empfiehlt sich, um eine klare Anschauung zu gewinnen, sich zunächst auf ein kleineres Gebiet zu beschränken. Ich lege daher die Zustände in meiner Heimatprovinz Hannover zugrunde. Aber selbst hier sind die ländlichen Verhältnisse außerordentlich mannigfaltig. An der Küste der Nordsee wird Schiffahrt und Fischerei betrieben, dicht dabei sitzen die Bauern auf dem schweren, reichen Marschboden, sie haben oft Haus und Hof wie ein Rittergutsbesitzer. Weiter nach Süden folgt der Heid- und Geestbauer. Die Verhältnisse sind einfacher aber wohlgeordnet. In schwerem Kampf ist ein Stück Ödland nach dem anderen kultiviert und hat den Bauern allmählich wohlhabend gemacht. Dazwischen liegen unsere ärmsten Dörfer, die traurigen Moorkolonien, die nur schwer und langsam vorwärts kommen. Im Südwesten Hannovers — der Osnabrücker Gegend — gleicht dann die ländliche Bevölkerung sehr der westfälischen. Dort hat der Hofbesitzer seit alters seine Knechte seßhaft — zu Heuerlingen — gemacht. Die ganze südliche Hälfte von Hannover ist schon vielfach mit Industrie durchsetzt, sie zeigt uns im ganzen eine wohlhabende ländliche Bevölkerung bis auf einige an Hessen und Sachsen grenzende Teile, wo ein zersplitterter Grundbesitz Armut erzeugt hat. Eine besondere Gruppe bildet endlich die Harzbevölkerung mit ihrem Bergbau.

1. In diesen verschiedenartigen Wirtschaftsgebieten herrscht eine mannigfaltige Form der Armenpflege, sie bietet aber insofern ein ganz erfreuliches

einheitliches Bild, als man heute von einem Notstand in der Armenpflege, einem wirklichen Elend fast nirgends sprechen kann. Nach einer im Jahre 1904 von uns veranlaßten Zusammenstellung sind von 4000 politischen Landgemeinden nur 70 als armenrechtlich stark belastet anzusehen. Darunter sind nur 16 wirklich schwer belastete Gemeinden, und zwar durchweg Ansiedlungen im Moor. Diese Überlastung erklärt sich in den meisten Fällen aus dem geringen Umfang der Gemeinden. So deckt z. B. die Gemeinde Neumoringen 56 Mk. Armenlasten mit 90 % Steuerzuschlägen, Fünfhausen 53 Mk. mit 151 %. Gleichwohl haben diese Gemeinden ihre regelmäßige Armenlast ohne Beihilfe des Landarmenverbandes tragen können und nur in Ausnahmefällen, namentlich bei Krankenhauskosten, den Landarmenverband in Anspruch genommen. Nur zwei Gemeinden sind regelmäßige Kostgänger der Provinz auf Grund des § 36 des preuß. A.G. z. U.W.G. Beide Fälle sind wert, hier mitgeteilt zu werden. Es sind die beiden Moorgemeinden Beschotenweg und Moordorf in Ostfriesland. Zu Zeiten des Königreichs Hannover gehörten beide Gemeinden zu mehreren benachbarten wohlhabenden Gesamtarmenverbänden, da es Grundsatz der ehemaligen hannoverschen Verwaltung war, die Armenlasten der Moorkolonisten auf die angrenzenden wohlhabenden Bauernschaften zu verteilen. Infolge des preuß. A.G. z. U.W.G., das in der Regel die Gemeinde zur Trägerin der Armenlast macht, bildete eine staatliche Regulierungskommission im Jahre 1873 aus jeder der beiden Gemeinden einen selbständigen Armenverband. Noch in demselben Jahre stellte sich heraus, daß die Provinz als Landarmenverband helfend eingreifen mußte, da beide Gemeinden völlig unfähig waren, die Armenlasten zu tragen. Vergeblich hat der Provinzialausschuß seinerzeit versucht, die Herstellung des früheren Zustandes zu erreichen.

Bedeutend ist der jährliche Zuschuß an die Gemeinde Moordorf, einer ursprünglich von Friedrich dem Großen angelegten Kolonie, in der verbrecherische Elemente ohne jede Hilfsmittel angesiedelt wurden, und die sich daher aus ihren ärmlichen Verhältnissen nicht emporarbeiten konnte. Das Steuersoll beträgt 600 Mk., während die Armenlasten in dauernder Steigerung vor einigen Jahren schließlich die Höhe von 3800 Mk. erreichten. Eine Besserung ist erst eingetreten, seit eine scharfe Kontrolle vom Landarmenverband eingeführt wurde und es gelang, statt des Bedürfniszuschusses eine prozentuale Beteiligung der Provinz (88 %) mit der Gemeinde zu vereinbaren, so daß die Gemeinde an jeder Mehrausgabe interessiert ist.

Bei Beschotenweg sind die Ausgaben viel geringer, und wir sind hier seit einigen Jahren bemüht, eine freiwillige Angliederung Beschotenwegs an eine Nachbargemeinde, mit der der Ort früher verbunden war, zu erreichen, indem wir der Gemeinde ein Ausstattungskapital mitgeben wollten, dessen Zinsen unserem durchschnittlichen Zuschuß gleichkamen. Trotz der lebhaften Unterstützung durch den Landrat ist dieser Versuch aber bislang gescheitert, da die Nachbargemeinden ein gutes Geschäft machen wollen und das Doppelte des Kapitals verlangen.

Von diesen wenigen Ausnahmen abgesehen, erreichen die Armenlasten nur eine geringe Höhe. Verhältnismäßig hoch sind die Lasten in den 183 Gesamtarmenverbänden, während zahlreiche Gemeinden überhaupt gar keine ober fast keine Ausgaben für Arme haben. Wir haben im Frühjahr dieses Jahres von 800 Landgemeinden, gleichmäßig verteilt unter die 70 Landkreise, Erkundigungen eingezogen. Hieraus ergab sich, daß 313 Gemeinden, also etwa zwei Fünftel, so gut wie keine Armenlasten hatten, und daß die durchschnittliche Belastung mit Armenausgaben nur 6 % der staatlich veranlagten Steuern beträgt. Die Armenhäuser, die sich früher fast in jeder Gemeinde fanden, stehen vielfach leer oder sind gering besetzt. Manche Gemeinden haben das Armenhaus verkauft oder vermietet.

Woraus erklärt sich dieser günstige Stand der Ausgaben für Arme?

Zunächst daraus, daß Hannover ein Bauernland ist. Drei Viertel des Grundbesitzes sind in den Händen der Bauern, nur ein Viertel entfällt auf den Großgrundbesitz, umgekehrt wie in manchen östlichen Provinzen. Dabei ist die Besitzverteilung auch sonst sehr glücklich. Die Güter sind meist mittelgroß, fast ebenbürtig reiht sich häufig der Bauernhof daran, und zwischen ihm und dem oft seßhaften Arbeiter findet sich ein weit verzweigter mittlerer Besitz in vielfacher Abstufung. Diese seit alters bestehende Besitzverteilung hat sich halten können, weil der niedersächsische Bauer seinen Hof nicht teilt, sondern auf den ältesten Sohn ganz vererbt, während die übrigen Kinder nur abgefunden werden. Dieses Gewohnheitsrecht hat die gesetzliche Anerkennung im sogenannten Höferecht gefunden. So gibt es zahlreiche Höfe, die seit 500 Jahren und länger in demselben Umfang und in derselben Familie sich erhalten haben.

Auch der kleinste Bauer aber hat fast immer einen Hof, der ausreicht, ihn und seine Familie zu ernähren. Das ist ungemein wichtig, denn dadurch sorgt er für die Zukunft, ist ziemlich unabhängig von wirtschaftlichen Krisen und daher äußerst selten gezwungen, die Armenpflege anzurufen. „Jede Anfässigkeit", so sagt etwa Schmoller (Vortrag 1902), „macht die Verarmung unwahrscheinlicher, während der Lohnarbeiter in der Stadt, der das bare Geld täglich einnimmt und nicht für die Zukunft sorgt, der Gefahr der Verarmung bei Krisen ausgesetzt ist." Ich kann daher den Ausführungen des Herrn Geheimrat Kapp über die Wichtigkeit der Ansiedlung voll beistimmen. Wichtig ist dabei aber auch, daß der Hof in vollem Umfang der Familie erhalten bleibt, denn wir haben auch in unserer Provinz beobachtet, wie in einigen an Sachsen und Hessen grenzenden Teilen, wo das Höferecht nicht herrscht, wo der Grundbesitz ganz zersplittert ist, und ein magerer Boden spärlichen Ertrag gibt, die früheren Bauern vielfach zu Lohnarbeitern, die im Sommer ihre Heimat verlassen, herabgesunken sind, und die Armut ihren Einzug gehalten hat.

2. Indessen die gleichmäßige Besitzverteilung erklärt die geringe Höhe der Armenausgaben nicht allein. Denn in früheren Jahren waren die Ausgaben größer. Ich weise nur auf die jetzt leer stehenden Armenhäuser hin. Zudem zeigen fast alle Landgemeinden auch prozentual einen Rückgang der Lasten. Z. B. erhob der Gesamtarmenverband Bunde in Ostfriesland in den achtziger Jahren 20 %, heute nur $7^{2}/_{3}$ % der Steuern für Armenzwecke. Ähnlich geht es in anderen Gemeinden. Diese Besserung ist auf zwei Gründe zurückzuführen.

a) Zunächst auf das preußische Gesetz v. 11. Juli 1891, das die

Fürsorge für die Geisteskranken, Idioten, Blinden, Taubstummen und Epileptischen auf die Provinzen übertrug, womit eine der wichtigsten Forderungen des Deutschen Vereins für Armenpflege auf dem Kongreß von 1886 erfüllt wurde. Dieses Gesetz entlastete die Gemeinden bedeutend und entvölkerte die kleinen ländlichen Armenhäuser.

b) Neben dem Gesetz von 1891 wirkte zur Entlastung der ländlichen Armenpflege die soziale Gesetzgebung. Der Gedanke einer besseren Krankenfürsorge faßte auch in der ländlichen Bevölkerung Wurzel, er führte zur Gründung von Krankenhäusern durch Behörden und Private. Eine gute Krankenpflege macht die Armenpflege vielfach entbehrlich, sie wirkt vorbeugend. Eine ähnliche ersprießliche Tätigkeit entfalten die Landesversicherungsanstalten durch ihre Heilstätten. Sie verhindern Arbeitsunfähigkeit und Armut. Unmittelbar entlastend für die Finanzen der Gemeinde wirken aber die Alters-, Invaliden- und Unfallrenten. Während die Schwachen und Alten früher der Armenkasse große Opfer auferlegten, finden sich jetzt vielfach Familien oder Verwandte, die den Rentenempfänger für die Rente bei sich aufnehmen, da er sich nebenbei immer noch ein wenig nützlich machen kann. Die ländlichen Armenverbände schieben den Rückgang der Armenlasten größtenteils auf die Versicherungsgesetzgebung. Diese günstige Wirkung wird sich mit dem weiteren Ausbau der Versicherungsgesetzgebung namentlich bei einer Ausdehnung der Krankenversicherung auf die Landarbeiter und Dienstboten immer stärker fühlbar machen.

Wir können also gegenüber dem Jahre 1886, in dem der Verein zuletzt die Reform der ländlichen Armenpflege behandelte, einen bedeutenden, erfreulichen Fortschritt feststellen, der zugleich die Richtlinien für eine weitere Reform der Armenpflege andeutet.

Denn die ländliche Armenpflege genügt auch in der Provinz Hannover keineswegs allen billigen Anforderungen. Sie bedarf vielmehr noch in vielen Richtungen der Besserung.

3. Zunächst muß ich einen Punkt vorausschicken, der mir nach wie vor ein Übelstand der ländlichen Armenpflege zu sein scheint. Bekanntlich gibt der ländliche Gemeindevorsteher eine Unterstützung nur bei wirklicher Not und in knapper Weise, da er die Verhältnisse genau übersieht und jede Ausgabe ihm und den übrigen Bauern persönlich fühlbar wird. Anders handelt er aber vielfach, wenn der Hilfsbedürftige seinen Unterstützungswohnsitz nicht im Ort hat. Hier genügt oft schon eine zahlreiche Familie, dem Ernährer die Wohnung zu kündigen, um ihn aus der Gemeinde zu zu bringen, oder ihm eine Unterstützung auf Kosten einer anderen Gemeinde oder des Landarmenverbandes aufzunötigen. Zahlreich sind diese Fälle auf dem Lande, aber auch in der Stadt. Sie sind zwar schwer festzustellen, wir haben aber sehr viele mit Erfolg durch die örtlichen Prüfungen unseres Landarmenkontrolleurs aufgedeckt.

Auch bei wirklicher Hilfsbedürftigkeit werden die Unterstützungen oft überreichlich gewährt. Arbeit wird den ortsfremden Personen nicht verschafft, so werden diese lässig und kommen nicht wieder in die Höhe, denn die Gemeinden sind überaus vorsichtig, auch bei besserer Lage, die Unterstützung wieder einzustellen. Immer herrscht die Befürchtung, die Gemeinde könne später einmal an der Unterstützung hängen bleiben. Welche Summen bei richtiger Armenpflege der Allgemeinheit gespart werden können, kann man aus den Erfolgen unseres Landarmenkontrolleurs sehen. Dieser trat 1897 sein Amt an. Seine Aufgabe bestand darin, durch örtliche Prüfungen die Unterstützung auf das richtige Maß zurückzuführen, sie rechtzeitig einzustellen, die Verpflichteten, namentlich die unehelichen Väter, zum Unterhalt heranzuziehen, den Hilfsbedürftigen Arbeit zu verschaffen usw. Damals betrugen die Ausgaben für o f f e n e Landarmenpflege 180 000 Mk. Dieser Betrag ist seitdem ständig zurückgegangen und betrug im verflossenen Jahre nur noch 122 000 Mk. Dabei ist die Anzahl der angemeldeten Fälle nicht zurückgegangen, sondern hat sich mit einigen Schwankungen auf derselben Höhe gehalten. Die soziale Gesetzgebung spielt bei diesem Rückgang seit 1897 nur eine geringe Rolle. Der Ersatz durch Renten hat sich um etwa 5000 Mk. vermehrt. Anderseits sind mit diesen Prüfungen viele Tausende Mark Kosten verbunden, nicht nur der Beamte und seine Reisen kosten Geld, sondern auch die dadurch hervorgerufene intensive Bearbeitung jedes Unterstützungsfalles mit vielen Ermittelungen erfordert Arbeitskraft bei uns und anderen Behörden, die wir in Bewegung setzen müssen.

4. Diese Nachteile der ländlichen Armenpflege lassen sich vermeiden, wenn man sich entschließt, die offene Armenpflege durch den Landarmenverband aufzuheben und — abgesehen von der Unterstützung der Wanderarmen — den Aufenthaltsort für unterstützungspflichtig zu erklären. Dieser Vorschlag ist ja nicht neu, und mancherlei Anregungen in ähnlicher Richtung sind bereits gegeben. Auch drängt die Entwicklung des reichsrechtlichen Armenrechts auf eine Übertragung der offenen Armenpflege an die Aufenthaltsgemeinde.

Man befürchtet nur eine Vermehrung der Abschiebungen und eine größere Belastung der Ortsarmenverbände, namentlich der Städte. Der Vermehrung der Abschiebungen könnte man wirksam entgegentreten, wenn künftig der Abschiebende die vollen Kosten ersetzen müßte. Denn heutzutage steht sich ein Armenverband bei jeder Abschiebung meist recht gut, da er nur die tarifmäßigen Kosten zu erstatten braucht. Außerdem erfolgt ein großer Teil der Abschiebungen heute bei den sogenannten Wanderarmen, für die — wie später auszuführen — in anderer Weise gesorgt werden soll.

Dagegen wird eine Mehrbelastung der Ortsarmenverbände, namentlich der größeren, zweifellos eintreten. Dem stehen aber unzweifelhafte Vorzüge gegenüber. Vor allem wird die Unterstützung von demjenigen Verband gewährt, der den Verhältnissen nahe steht. Die Kosten werden sich nach den Erfahrungen, die wir bei den örtlichen Prüfungen gemacht haben, auf zwei Drittel bis auf die Hälfte ermäßigen. Dazu kommt eine bedeutende Ersparnis durch den Fortfall der Ermittelungen. Welche Mühen und Kosten müssen oft aufgewandt werden, um geringfügige Unterstützungen wieder einzuziehen. Diese Last macht sich nicht nur in den Städten und beim Landarmenverband, sondern gerade auch auf dem Lande geltend. Der nicht geschulte Gemeindevorsteher ist dem umständlichen Ersatzverfahren nicht gewachsen.

Eine solche Regelung bringt endlich den Vorteil einer gleichmäßigen

Anwendung der privaten Wohltätigkeit. Heutzutage muß ein Ortsarmen=
verband bestrebt sein, die private Unterstützung nur den Ortsarmen zu=
zuwenden, weil die Gefahr besteht, daß andernfalls ein Hilfsbedürftiger
längere Zeit über Wasser gehalten wird und dann dem Ortsarmenverband
zur Last fällt.

Bei einer Umfrage, die wir im Sommer gehalten haben, hat sich ein
Drittel der Befragten mit einer solchen Regelung einverstanden erklärt; das
ist ziemlich viel, wenn man bedenkt, daß die Ortsgemeinden durchweg eine
Erhöhung ihrer Ausgaben durch die Übernahme der Landarmen erwarten
müssen, da die Zahlungen, die unsere ländlichen Gemeinden an andere Orts=
armenverbände zahlen, und die dann wegfallen würden, außerordentlich
gering sind. Man wird indessen zu einer solchen Regelung nicht schreiten
können, ohne gleichzeitig in allen denjenigen Fällen, in denen es irgend
angängig ist, die Lasten auf breite Schultern zu legen, indem man das
Gesetz von 1891 weiter ausbaut und — soweit erforderlich — zwangsweise
Gesamtarmenverbände bildet. Hierdurch wird nicht nur eine finanzielle
Entlastung der Ortsarmenverbände herbeigeführt, sondern sie werden von
Aufgaben befreit, denen nur große, leistungsfähige Gemeinwesen genügen
können, und dadurch instand gesetzt, der offenen Armenpflege, ihrem eigent=
lichen Beruf, ihre Tätigkeit zuzuwenden.

5. Zu den Aufgaben, welchen die Ortsgemeinden, namentlich die länd=
lichen nicht gewachsen sind, gehört in erster Linie die Fürsorge für die
Wanderarmen. Diese Leute sind auf dem Lande nicht gern gesehen. Wenn
im Sommer der Bauer im Felde ist, so bittet der Wanderer die Frau im
Hause nicht um eine Gabe, nein, er fordert sie, und die Frau gibt aus
Angst. Und wenn der Bauer einen Arbeitsuchenden in Dienst nimmt, so
muß er oft erfahren, daß der Fremde die einheimischen Knechte aufreizt.
So schiebt man ihn durch kleine Gaben von einem Ort zum andern. Be=
sonders schlimm ist es mit den kranken Wanderarmen. Nur ein Beispiel
aus diesem Sommer. Ein polnischer Arbeiter wird auf Wanderschaft in
der Heide von einer Kreuzotter gebissen. Er schleppt sich bis zum nächsten
Bauern, der ihm Alkohol und Kaffee gibt und ihn mit einem Zehrpfennig
wieder auf die Straße setzt, damit die kleine Gemeine nicht die Kosten zu
tragen hat. Unterwegs bleibt der Pole natürlich liegen und wird schließlich
von einem Radfahrer in das nächste Krankenhaus nach Ülzen gebracht.

Aus solchen Vorgängen dürfen den Gemeindevorstehern nicht zu große
Vorwürfe gemacht werden. Das Gesetz verlangt von ihnen eine Leistung,
die ihnen häufig schlechterdings nicht zugemutet werden kann. Es müssen
hier andere Einrichtungen getroffen werden. Humane Bestrebungen haben
in den achtziger Jahren zur Abhilfe zahlreiche Verpflegungsstationen ent=
stehen lassen, leider zu viele und nicht einheitlich organisierte. Ein großer
Teil wurde wieder aufgehoben, leider darunter auch manche unbedingt not=
wendige. So hob z. B. der Kreis Sulingen die im Flecken Sulingen
bestehende Verpflegungsstation auf. Nun ist aber Sulingen die Durch=
gangsstation für die Wanderer von Osnabrück nach Bremen. Daher blieb
die ganze Last am kleinen Flecken Sulingen hängen, der z. B. im ver=
flossenen Jahr 1000 Personen hat beherbergen müssen.

Ein bedeutender Fortschritt für Preußen ist zwar das neue Wander=
arbeitsstättengesetz, das den Provinzen die Befugnis gibt, ein planmäßiges
Stationsnetz einzurichten und die Kreise unter Erstattung von zwei Drittel
der Kosten zur Einrichtung von Wanderarbeitsstätten zu verpflichten. Leider
stellt das Gesetz die Einrichtung in das Belieben der Provinzen, ja verlangt
sogar zwei Drittel Mehrheit im Provinziallandtag. Zwar sind trotzdem die
Provinzen Westfalen und Hessen in rühmlicher Weise — unter Anlehnung
an bereits bestehende ähnliche Einrichtungen — vorangegangen. Weniger
günstig aber liegt es bei den anderen Provinzen. Bei einer Umfrage in
der Provinz Hannover sprachen sich von 70 Kreisen 42 dagegen und nur
28 dafür aus, so daß bei der großen Abneigung der ländlichen Bevölkerung
gegen die Brüder von der Landstraße einstweilen nicht daran zu denken ist,
das Gesetz einzuführen. Gleichwohl zeigt gerade das Ergebnis der Umfrage,
daß mehrere große Wanderstraßen bestehen, und daß ein einheitlich geleitetes
Netz von Wanderarbeitsstätten nötig ist, um die Wanderarmen auf ge=
regelte Bahnen zu führen und die an den Straßen gelegenen Kreise zu
entlasten. Ein wirksamer Druck zur Einrichtung solcher Wanderarbeits=
stätten wäre möglich, wenn man die vorläufige und endgültige Fürsorge
für die Wanderarmen dem Landarmenverband auferlegte.

Dazu bietet sich eine passende Gelegenheit, sobald man, wie vor=
geschlagen, die einjährige Erwerbsfrist aufhebt und der Aufenthaltsgemeinde
die gesamte offene Armenpflege überweist.

Dann würden sogleich die Provinzen zur Einrichtung der Wander=
arbeitsstätten übergehen. Hierbei würde eine Beteiligung der Kreise, die in
erster Linie von den Wanderarmen berührt werden, natürlich reichsrechtlich
zuzulassen sein. Die Übertragung der Fürsorge für Wanderarme an die
Landarmenverbände würde aber den großen Vorzug haben, die Landarmen=
verbände nicht nur zur Einrichtung von Wanderarbeitsstätten für Arbeits=
fähige und =Willige zu nötigen, sondern auch zu Maßregeln, um erkrankten
oder arbeitsunfähigen Wanderarmen Hilfe angedeihen zu lassen und sie in
die richtigen Anstalten zu bringen. Die Abschiebung solcher kranken
und schwachen Personen würde verschwinden.

6. Außer der Fürsorge für die Wanderarmen sind noch andere Auf=
gaben der Armenpflege zur Übernahme durch größere Verbände geeignet, die
den Ortsarmenverbänden, namentlich den kleinen ländlichen, nicht wohl zu=
gemutet werden können. Für Preußen denke ich namentlich an eine Er=
weiterung des Gesetzes vom 11. Juli 1891.

a) Dieses Gesetz legt den Provinzen nicht nur die Fürsorge für die
Geisteskranken und Epileptischen, sondern auch für Idiote, Blinde und Taub=
stumme auf. Leider hat das B. A. f. Heimatwesen entschieden, daß diese
Verpflichtung nur dann eintrete, wenn infolge körperlicher Hilflosigkeit
die Anstaltspflege geboten sei. Nun dienen aber diese zuletzt genannten
Anstalten wesentlich einer geistigen und körperlichen Ausbildung der
Kinder, um sie für das Leben draußen nach Möglichkeit arbeitsfähig
zu machen; sie üben im besten Sinne vorbeugende Armenpflege. Die Armen=
verbände in unserer Provinz befolgen deshalb die Entscheidung des B. A.
nicht, es erscheint aber eine gesetzliche Änderung wünschenswert, die bei

solchen anormalen Kindern auch die Erziehung in die Armenpflege einschließt.

b) Auch bei einer anderen Gruppe Anormaler, den Krüppeln, ist die Ausbildung das Wichtigste. Nach einer staatlichen Zählung sollen in unserer Provinz 4000 Krüppelkinder sein, eine Anstaltspflege ist für 347 bejaht. Da die ländlichen Gemeinden meist nicht in der Lage und gewillt sind, Krüppelkinder auf ihre Kosten in eine Anstalt zu bringen, auch die Eltern sich vielfach scheuen, die Hilfe der Gemeinde hierfür in Anspruch zu nehmen, so haben bereits mehrere Kreise beschlossen, solche Kosten auf ihre Fonds zu übernehmen. Die Provinz unterstützt die in Hannover bestehende Anstalt, welche 130 Plätze faßt, durch einen Beitrag. Es muß gefordert werden, den langjährigen Wünschen endlich nachzugeben und die Krüppelfürsorge dem genannten Gesetz von 1891 zu unterstellen.

c) Eine große Last entsteht für manche ländliche Gemeinde ferner durch alte Sieche und gebrechliche Leute, denen in den kleinen ländlichen Armenhäusern nicht die nötige Pflege zuteil werden kann; nur in den Gesamtarmenverbänden finden wir vielfach große Armenhäuser, die auch zur Aufnahme von Siechen geeignet sind. Oft werden solche Personen, wenn sie nicht völlig siech sind, in unserem Landarmenhaus gegen Zahlung von Pflegekosten aufgenommen. Vielfach ist aber auch die Unterbringung in einem wirklichen Siechenhaus notwendig. Sie scheitert häufig daran, daß die Gemeinde die hohen Kosten scheut. Denn solche Sieche kommen der Gemeinde teurer als ein Geisteskranker, für die Kreis und Provinz größtenteils eintreten. Die Gemeinden können also nur wünschen, daß solche Sieche möglichst rasch geistesschwach werden, damit sie unter das Gesetz von 1891 fallen und ihnen abgenommen werden. Wir haben erst kürzlich in einem solchen Fall uns bereit erklärt, einen Teil der Kosten zu übernehmen, falls auch der Kreis das Gleiche täte. Dieser hat es leider abgelehnt. Ich würde es für wünschenswert halten, das Gesetz von 1891 auch auf Sieche und dauernd erwerbsunfähige Arme auszudehnen. Damit wird den großen Gemeinden, welche bereits Siechen- und Pflegehäuser besitzen, kein Abbruch getan, da sie die Fürsorge natürlich auch selbst ausüben können.

d) Endlich scheint mir der Landarmenverband, insbesondere die Provinz, auch das geeignete Organ zu sein, um Arbeitsscheue, die sich nicht um ihre Familie bekümmern, unterzubringen, sobald eine entsprechende Zwangsunterbringung im Verwaltungswege erfolgt. Nicht nur die Städte, auch das Land leidet unter diesen pflichtvergessenen Leuten. Die Gemeindevorsteher haben oft unserem Kontrolleur ihr Leid geklagt, daß sie gegen solche Personen machtlos seien, da die Anträge auf Bestrafung meist vom Gericht zurückgewiesen würden. Diese Festhaltung wider Willen kann natürlich nicht in einem kleinen Armenhaus erfolgen, sondern nur in einer größeren geschlossenen Anstalt, wie sie die Provinzen besitzen. Die Kosten der Unterbringung sind aber zweckmäßig von dem Armenverband zu tragen, in dessen Interesse sie erfolgt, unter Beteiligung der Kreise, wie sie das Gesetz von 1891 vorsieht. Die vorgeschlagene Maßregel erscheint namentlich auch nützlich zur Heilung oder wenigstens Besserung von Trinkern. Wir haben jedenfalls mit zeitweiser Zwangsunterbringung entmündigter Trinker insofern gute

Erfolge gehabt, als sie unter dem Druck, jederzeit in die Anstalt zurückgebracht zu werden, sich vielfach entschlossen haben, für ihre Familien zu sorgen.

7. Die bisherigen Vorschläge beziehen sich auf sämtliche Ortsarmenverbände, große und kleine. Sie dienen zwar in erster Linie zur Besserung der ländlichen Armenpflege, sie treffen aber auch die Städte und entlasten sie durch die Abnahme bestimmter Zweige der Armenpflege. Daneben erweisen sich noch andere Maßregeln zur Hebung der ländlichen Armenpflege als wünschenswert; sie beziehen sich aber nur auf die kleinen Ortsarmenverbände.

In erster Linie gilt dies von der Krankenpflege. Sie gestaltet sich bei den zerstreut liegenden Höfen und Dörfern ungleich schwieriger als in der Stadt mit seiner dichten Bevölkerung und sie kann durch ihre plötzlichen großen Kosten oft die ganzen Finanzen einer kleinen Gemeinde umwerfen. Die meisten Anträge auf Beihilfe der Provinz haben ihre Ursache in unerwarteten Krankenhauskosten. Als die Provinz Hannover im Jahre 1886 dem Deutschen Verein für Armenpflege und Wohltätigkeit über die ländliche Armenpflege in Hannover berichtete, wurde der Mangel an geregelter Krankenpflege besonders betont, damals gab es nur in 17 Kreisen von 70 ein Krankenhaus. Seitdem sind die Zustände viel besser geworden. Vor zwei Jahren veranlaßten wir wegen weiterer Förderung der Krankenpflege eine genaue Ermittlung aller Krankenpflegeeinrichtungen. Sie ergab, daß 55 Kreise ein Krankenhaus hatten, dessen Rechtsträger entweder der Kreis, oder kirchliche oder gemeinnützige Vereine waren, die sich über den Kreis erstreckten. Nur in 13 Kreisen fehlte ein Krankenhaus; diesem Mangel ist teilweise inzwischen abgeholfen. Die Pflegesätze sind sehr mäßig und bewegen sich vielfach auf der Stufe von 60 Pf. bis 1,25 Mk. täglich. Außerdem bestehen in den meisten Kreisen anderweite Krankenpflegeeinrichtungen. Als Muster erwähne ich den Kreis Isenhagen in der Heide. Dieser hat fast sämtliche 76 Gemeinden mit Sanitätskästen ausgestattet, die ein Vertrauensmann aufbewahrt und handhabt. Daneben bestehen in zahlreichen Gemeinden Krankenstationen, die von Gemeindeschwestern versorgt werden. Viele Kreise sind unter Beihilfen der Provinz auch zur Anschaffung von Krankenwagen geschritten, die sich bei den weiten Entfernungen als ungemein segensreich erwiesen haben. Man sieht, die Entwicklung drängt auf eine Übernahme der Krankenpflege durch den Kreis hin; um zu vermeiden, daß die Gemeinden auch ohne zwingenden Grund ihre Armen in das Krankenhaus schicken, empfiehlt es sich, die Ortsarmenverbände durch Erhebung möglichst niedriger Pflegesätze an den Kosten zu beteiligen. Auf dem Gebiete der ländlichen Krankenpflege könnte sich auch die Reichspostverwaltung ein Verdienst erwerben, durch Herstellung möglichst billiger Telephonanschlüsse auf dem Lande, wie dies in den nordischen Staaten der Fall ist.

8. Ein anderer Zweig der Armenpflege, der sich gleichfalls für den Landkreis eignet, ist die Fürsorge für arme Waisen und uneheliche Kinder. In früherer Zeit wurde darüber wohl geklagt, daß die Waisen auf dem Lande an den Mindestfordernden vergeben würden. Solche Fälle sind bei uns selten. Gleichwohl ist das Los der ortsarmen Waisenkinder auf dem

Lande verbesserungsbedürftig. Das hängt mit den wirtschaftlichen Verhältnissen eng zusammen. Der Mangel an Arbeitern zwingt den Bauern mit seiner ganzen Familie hart zu arbeiten und veranlaßt ihn, daneben oft Waisenkinder oder Kinder gleichgültiger Arbeiter in Pflege zu nehmen. Diese Kinder werden dann beim Hüten von Kühen usw. vielfach ausgenutzt. Es fehlt ihnen oft an Pflege und Beaufsichtigung, und sie verwildern durch ihren steten Umgang mit Knechten und Mägden. Es wäre nötig, daß die Arbeit der Kinder in der Landwirtschaft gesetzlich unter Aufsicht gestellt und geregelt würde.

Neben dieser allgemeinen Regelung der Kinderarbeit halte ich aber auch eine Übertragung der Waisenfürsorge an den Kreis für angebracht. Freilich ist nicht zu verkennen, daß dadurch die Armenpflege verteuert wird. Denn die Gemeinde drückt eher darauf, daß die Kinder von Verwandten oder Ortsbewohnern unentgeltlich oder gegen mäßiges Kostgeld untergebracht werden. Aus diesem Grunde sind die von uns befragten Ortsvorsteher meist gegen eine Übernahme durch den Kreis, namentlich in den Gesamtarmenverbänden, wo allerdings für die Kinder besser gesorgt wird, als in den kleinen Gemeinden. Dieser Umstand zeigt aber schon, daß größere Verbände für die Kinderfürsorge geeigneter sind. Diese Erfahrung haben wir bei der Kinderfürsorge durch den Landarmenverband bestätigt gefunden. Es ist der einzige Zweig der offenen Landarmenpflege, in dem sich Erfolge zeigen. Vielfach erweist es sich nämlich als geboten, die Kinder aus der bisherigen Umgebung zu entfernen, da die Pflegestellen schlecht sind oder sonst ungünstiger Einfluß herrscht. Durch den Landarmenkontrolleur haben wir dann mit Hilfe der Pastoren, Ortsvorsteher oder Lehrer solche Kinder in gut empfohlenen Pflegefamilien auf dem Lande untergebracht, und sie der Aufsicht des Geistlichen usw. unterstellt. Daneben erwies es sich aber als nötig, die Pflegestellen häufig zu besichtigen, ärztliche Behandlung oder Kuren anzuordnen und wenn nötig die Stelle zu wechseln.

Alle diese Maßregeln können von einer kleinen Gemeinde nicht vorgenommen werden, es sind immer nur wenig Kinder, für die sie zu sorgen hat und sie ist froh, wenn diese nichts kosten. Auch fehlt es dem ländlichen Gemeindevorsteher an Erfahrung und Zeit, bei unehelichen Kindern die Mütter und Väter energisch zum Unterhalt heranzuziehen. Die Vormünder und Vormundschaftsgerichte versagen ja leider in dieser Beziehung vielfach.

Ich halte daher eine Übertragung der Kinderarmenpflege an größere Verbände, insbesondere an den Kreis für geboten.

9. Trotz der Vorschläge, die ich bislang zur Verbesserung der ländlichen Armenpflege gemacht habe und trotz der Übernahme vieler Lasten auf breitere Schultern, erscheinen manche ländliche Gemeinden weder geeignet noch leistungsfähig genug zur Ausübung des noch übrig bleibenden Teils der Armenpflege. Solange es Gemeinden gibt, die, wie früher mitgeteilt, ein Steuersoll von 33, 35, 52 Mk. usw. haben, können sie durch jede etwas längere Unterstützung in ihrem Haushalt erschüttert werden. Sie sind gezwungen zum Nachteil der Armen diese abzuschieben oder verkommen zu lassen; aber auch größere Gemeinden, namentlich die Moorkolonien sind durch ihre ungünstige Lage zuweilen zu ähnlichem Vorgehen gezwungen. Hier sind

Gesamtarmenverbände geboten. Wir haben die besten Erfahrungen mit ihnen gemacht. Überall ist die Armenpflege eine geregelte und gute. Trotz der etwas teureren Wirtschaft sind die Gemeinden durchaus mit ihr zufrieden. Nur wenige etwas größere und reichere Gemeinden, die den Löwenanteil bezahlen, möchten davon loskommen. Auch die großen Entfernungen werden nicht als Hindernis empfunden. Jeder Gemeindevorsteher sorgt zunächst für seine Armen und trägt in den regelmäßigen monatlichen Zusammenkünften seine Anträge vor.

Auch in den Gegenden, wo keine Gesamtarmenverbände bestehen, hat sich bei unserer Umfrage etwa $^1/_5$ derer, die die Frage beantworten, für eine Bildung von Gesamtarmenverbänden ausgesprochen, ein Zeichen, daß keineswegs eine allseitige Abneigung gegen solche Einrichtungen besteht. Indessen halte ich keineswegs eine allgemeine Bildung von Gesamtarmenverbänden für angebracht. Aber eins ist nötig. Es muß im einzelnen Fall die zwangsweise Bildung von Gesamtarmenverbänden möglich sein. Eine freiwillige Vereinigung ist nach unseren Erfahrungen kaum zu erreichen, da die wohlhabenderen Gemeinden sich nicht gern mit den ärmeren verbinden wollen. Ich weise auf das Beispiel der Moorkolonie Beschotenweg hin. Zur Bildung eines Gesamtarmenverbandes wäre in Preußen etwa der Bezirksausschuß geeignet. Dabei müßte aber auch der Landarmenverband, der nach § 36 Pr.A.G. z. U.W.G. bei notleidenden Gemeinden einspringt, antragsberechtigt sein und einer Auflösung widersprechen können.

10. Falls aber schließlich bei hilfsbedürftigen Ortsarmenverbänden eine Zusammenlegung aus örtlichen oder politischen Gründen im einzelnen Fall untunlich ist, so bleibt nur eine Beihilfe übrig. Der Hannoversche Provinzialausschuß hat diese früher vielfach so bemessen, daß er dasjenige zahlte, was über einen bestimmten Betrag, 100 % oder bei ganz belasteten Gemeinden 50 % des Steuersolls, hinausging. Das empfiehlt sich aber nur bei einmaligen Unterstützungen, nicht bei regelmäßigen Beihilfen. Das erwähnte Beispiel der Gemeinde Moordorf, bei der eine Beteiligung der Provinz mit nur 88 %, statt des Bedürfniszuschusses, sogleich eine wesentliche Minderung der Ausgaben zur Folge hatte, zeigt, daß nur die bereits früher von anderer Seite empfohlene verhältnismäßige Beteiligung zu einer vernünftigen Ausübung der Armenpflege führt.

(Lebhafter Beifall.)

Gemeindevorsteher Dr. Lücker (Roßberg bei Beuthen, O.-Schl.). Meine Damen und Herren! Nachdem fünf Referenten sich über das Problem der Armenpflege auf dem Lande verbreitet haben, gestatten Sie mir, daß ich die Frage vorwiegend vom Standpunkt des Armenverbandes des platten Landes aus beleuchte. Wenn ich auch an diesem Kongreß als Vertreter einer großen oberschlesischen Industriegemeinde teilnehme, so dürfte ich Ihnen vielleicht doch manches neue sagen können, da ich mich als Volkswirt und Verwaltungsbeamter seit Jahren mit dem Armenwesen des platten Landes befaßt habe.

Für die gesetzgeberischen Maßnahmen auf diesem Gebiete ist die Definition des Begriffes Land von besonderer Bedeutung. Was ist unter

„Plattes Land" zu verstehen? Hierüber hat uns keiner der Herren Referenten Aufschluß gegeben. Ist der Begriff vom bevölkerungsstatistischen Standpunkt aus zu werten? Ist plattes Land jedes Gemeinwesen unter 2000 Einwohnern im Sinne der Bevölkerungsstatistik oder gibt es auch nicht eine andere Deutung? Land sind alle Gemeindeverbände, die nach der Landgemeindeordnung verwaltet werden. Zahlreiche Gemeinden rein städtischen Charakters unterstehen heute der Landgemeindeordnung. In Preußen wohnen in solchen Gemeinden an 3 000 000 Einwohner. In dieser Versammlung sind Vertreter von großen Landgemeinden anwesend, die bis zu 70= und 80000 Einwohner zählen. Während diese wirtschaftlich und verwaltungsorganisch rein städtische Verhältnisse aufweisen, werden sie von der Gesetzgebung meist vom Gesichtspunkt des platten Landes aus beurteilt, da sie im formellen Sinne keine Städte sind. Es läßt sich auch noch eine andere Definition des Begriffes Land geben, wenn wir den Maßstab der Kreisordnung anlegen. Nach ihr ist alles Land, was nicht kreisfrei ist. In diesem Sinne sind im Osten die Städte bis zu 25 000, in Westfalen bis zu 30 000, im Rheinland bis zu 40 000 Einwohner als Land anzusehen, da sie keinen eigenen Stadtkreis bilden. Wenn an eine gesetzliche Regelung des ländlichen Armenwesens herangetreten wird, so muß auf diese Verhältnisse, die bei der Verteilung der Armenlast von ausschlaggebender Wichtigkeit sind, Rücksicht genommen werden.

Meine Herren! Von allen Problemen des platten Landes scheint mir das des Armenwesens zur Zeit das wichtigste und auch am leichtesten lösbare. Die heutigen Armenverbände kranken zunächst an der Kleinheit der Bezirke, sodann an der Unfähigkeit, die nötigen Geldmittel bereitzustellen und namentlich im Osten, wo die Verwaltung meist ehrenamtlich geführt wird, an der Unfähigkeit der Handhabung der Gesetzgebung. Die ehrenamtlichen ländlichen Gemeindevorsteher, denen die verwaltungstechnische Vorbildung abgeht, sind außerstande, sich in der schwierigen Materie des Armenrechtes zurecht zu finden und die Interessen ihres Verbandes in sachgemäßer Weise zu vertreten. Kein geringerer wie Graf Posadowsky hat auf die großen Schäden hingewiesen, die den kleinen Landgemeinden dadurch erwachsen.

Wenn wir in der Verwaltungsgeschichte nach Vorbildern für eine Lösung des Problems suchen, so brauchen wir nur auf das gesetzgeberische Material zurückzugehen, das uns die französische Herrschaft auf dem linken Rheinufer hinterlassen hat. Es ist das berühmte Gesetz des Jahres VI (1798), das den 4 Departements des linken Rheinufers die kantonalen Armenverbände gegeben hat, die die Ortsgemeinden aus der individualistischen Zersplitterung ihrer Kräfte erlösten und sie zu leistungsfähigen Armenverbänden zusammenfaßten. Sie hatten an 3—4000 Einwohner. Wenige Jahre nach der Besitznahme Rheinlands durch die preußische Regierung wurden sie aufgelöst. Einzelne Reste von ihnen haben sich unter anderm im Landkreise Bonn erhalten[1]. Es wird daran festzuhalten sein, daß die Verbände

---

[1] Vergl. meine Schriften: Die Bürgermeisterei Poppelsdorf im Jahre 1904, sowie: Die Finanzen der Stadt Köln seit dem Ausgang des 18. Jahrhunderts, letztere demnächst erscheinend.

mindestens 3—4000 Einwohner zählen. Ihr Umfang hätte sich im Rheinland mit der Bürgermeisterei, in Westfalen mit dem Amt zu decken, in der Provinz Posen wären sie dem Polizeidistrikt anzugliedern. In ähnlicher Weise wären für jeden Kreis etwa 5 bis 6 Armenverbände von ungefähr gleicher Größe zu bilden. Für einen mittleren Kreis des Ostens würde dies meines Erachtens ausreichend, aber auch erforderlich sein. Die Zusammenfassung hätte zunächst den Vorteil, daß sich der Verband ein besseres Personal hält, als es bisher die alten Verbände vermocht haben. Ein weiteres Moment ist die Erhöhung der Leistungsfähigkeit. Die Aufbringung der Umlagen würde in anderer Weise wie bisher zu erfolgen haben. Auch ohne mich mit den Delbrückschen Klagen über die Mängel der Einkommenbesteuerung des platten Landes zu identifizieren, kann ich mich auf Grund eigener Erfahrungen der Überzeugung nicht verschließen, daß die zutreffende steuerliche Erfassung des Einkommens auf dem platten Lande mitunter versagt. Für die Verteilung der Lasten wäre meines Erachtens das Kreissteuersoll zugrunde zu legen. Es würde den gerechtesten Maßstab bieten. Der Herr Referent aus Ostpreußen hat es als zweckmäßig bezeichnet, die Gutsbezirke von den zu bildenden Armenverbänden auszuschließen. Welche Nachteile derartige Ausschließungsbestrebungen der Gutsbezirke im Gefolge haben, dafür dürften die Gutsbezirke im oberschlesischen Industriebezirke, die dort zu einer vollendeten Karikatur geworden sind, ein treffliches Beispiel abgeben. Wenn sich gerade die wohlhabendsten Einwohner des platten Landes, die Inhaber der Gutsbezirke, von dem Eintritt in die Verbände ausschließen, wird es nicht gelingen, einen lebensfähigen Armenverband zu bilden. Die in dem Gutsbezirk lebende Bevölkerung fällt erfahrungsgemäß in viel geringerem Umfange der Armenpflege zur Last, wie die in der Dorfgemeinde wohnenden Tagelöhner.

Eine Lösung des Problems auf fakultativer Grundlage ist ausgeschlossen. Uns kann in Preußen nur ein Landesgesetz helfen, dessen Grundlinien die Resolution des Reichstages bildet, die sich für die Schaffung größerer Armenverbände ausspricht. Es ist vorhin das Bedenken erhoben worden, daß die Organisation der neuen Verbände Schwierigkeiten machen und daß ihre Kosten zu hoch würden. In ausgedehnten ländlichen Bezirken wird meines Erachtens der Verbandsausschuß nicht genügen. Ihm sind nach städtischem Vorbild örtliche Armenkommissionen anzugliedern, die die Verhältnisse aus eigener Kenntnis zu beurteilen vermögen und denen das Recht zur vorübergehenden Unterstützung in kleinen Fällen zuzuweisen wäre, während die Gewährung der dauernden Unterstützungen der Entschließung des Verbandsvorstandes vorbehalten bleiben müßte. Gerade wenn die leistungsfähigsten Steuerzahler, im Osten die Gutsherrn, dafür sorgen, daß sie in den Armenkommissionen und Verbandsvorständen vertreten sind, dann wird am ehesten das Bedenken des Herrn Referenten aus Ostpreußen beseitigt werden, daß die neuen Verbände zu große Kosten verursachen.

Der preußische Herr Minister des Innern hat jüngst gesagt, zu gesetzgeberischen Reformen reiche die Erkenntnis des Mißstandes nicht aus. Es müßten auch in einwandsfreier Weise die Probleme seiner Beseitigung geklärt sein. Die Mängel der Armenverbände des platten Landes sind erkannt. Die Mittel zu ihrer Beseitigung dürfte die heutige Beratung gegeben haben. Für den Herrn Minister des Innern gibt es kein dankbareres Gesetz, wie eine großzügige Reform der preußischen Armenverbände, die den heutigen unbefriedigenden Zuständen ein Ende bereiten und den Namen von Moltkes mit goldenen Lettern in den Annalen der inneren Geschichte Preußens verewigen würde.

Zu meinem Bedauern bin ich genötigt, mich mit dem Herrn Referenten von Hannover auseinanderzusetzen. Beim Durchlesen seiner Leitsätze fiel mir auf, daß er die Reform des Armenwesens vorwiegend vom Standpunkt der Landarmenverbände würdigt, während er die Verhältnisse der Ortsarmenverbände in unzureichender Weise berücksichtigt. Ich erkenne mit ihm an, daß es einen nicht zu billigenden Mißbrauch darstellt, wenn der Landarme anders behandelt wird wie der Ortsarme. Gegen derartige Vorkommnisse muß mit allen Mitteln der Gesetzgebung angekämpft werden. Wenn der Herr Referent sodann eine völlige Änderung der Gesetzgebung angeregt hat, so bin ich der Ansicht, daß diese Materie über den Rahmen der heutigen Verhandlungen hinausgeht und den Gegenstand einer späteren Beratung zu bilden hätte. An der Frage des Heimatprinzips sind die Großstädte im besonderen Maße interessiert. Ich bedaure die These 4 des Herrn Landrats Dr. Drechsler ablehnen zu müssen. Das Heimatsprinzip ist in seiner Art ebenso verfehlt, wie das Aufenthaltsprinzip. Unsere heutige Gesetzgebung sucht in dieser Hinsicht einen Mittelweg. Gleichwohl leidet das heutige Verfahren wegen der endlosen Schreibereien um Erstattungen an erheblichen Mängeln. Die zahlreichen Streitsachen sind nachgerade zu einer Kalamität geworden. Die Prozesse zwischen Armenverbänden tragen vielfach den Charakter von Präventivklagen. Nicht die oft geringe Unterstützung bildet den Gegenstand des Streites, sondern die Furcht, durch deren Zahlung den Unterstützungswohnsitz anzuerkennen und damit den Armen vielleicht einmal dauernd übernehmen zu müssen. Es scheint die Frage der Prüfung wert, ob nicht alle kleineren und vorübergehenden Unterstützungen von der Rückforderung auszuschließen wären, so daß diese Handreichungen für den Erwerb und den Verlust des Unterstützungswohnsitzes nicht in Frage kämen. Damit wäre eine Menge von Weiterungen aus der Welt geschafft. Für einmalige Unterstützungen an Ortsfremde könnte dadurch Erleichterung geschaffen werden, daß der Kreis, ähnlich wie bei dem heutigen Irrenwesen, einen Teil dieser Aufwendungen zu erstatten hätte.

Ein besonders Vergnügen hat es mir bereitet, daß der Herr Referent aus Hannover den Finger auf eine offene Wunde gelegt hat: „Die Zusammensetzung der Provinziallandtage." Diese sind zur Zeit in Preußen derart einseitig zusammengesetzt, daß den Ortsarmenverbänden jede Teilnahme an der Verwaltung der Provinz entzogen ist. Über den gleichen Übelstand klagen nicht nur die Zwerggemeinden, sondern auch die Klein- und Mittelstädte. Die Provinziallandtage bestehen heute zu $^3/_4$ aus Edelleuten und Kommerzienräten, aus Landräten und Oberbürgermeistern. Obwohl in den Beratungen dieser Landesparlamente Fragen des Armen- und Krankenwesens einen breiten Raum einnehmen, ist der werktätigen Bevölkerung der Zutritt zu ihnen gänzlich verschlossen. Der Mittelstand, die Vertreter von Landgemeinden und Kleinstädten, die Ärzte und auch die Vertreter der nationalökonomischen Wissenschaft sind bei dem heutigen Wahlverfahren in den Provinziallandtagen kaum zu finden. Die alten Provinzialverordnungen, die sich auf dem ständischen Prinzip aufbauten, waren in dieser Hinsicht ungleich besser.

Meine Damen und Herren! Der Herr Referent aus Hannover hat in den Thesen 7 und 8 ein eigenartiges Gebiet betreten, das der Übertragung einzelner Zweige des Armenwesens auf die Kreise. Ihm scheint als Vorbild das jüngst erlassene reichsländische Armengesetz gedient zu haben, das eine ähnliche Bestimmung vorsieht. Wir haben in Preußen eine teilweise Übertragung von Armenlasten auf den Kreis. Wir verdanken sie dem meisterhaften Gesetz von 1891, das die Lasten des Irrenwesens zwischen Kreis, Gemeinde und Provinz teilt. Indessen hält dieses Gesetz noch immer an der Gemeinde als dem Träger des Irrenwesens fest. Es macht den Kreis nicht dazu, sondern es verpflichtet ihn nur, einen Teil der Lasten zu übernehmen, ohne daß es ihm auf Kosten der Armenverbände Rechte einräumt. Die Verpflichtung des Kreises stellt sich als eine Rückversicherung dar. Es erscheint mir sehr bedenklich, diesen Boden zu verlassen und die Kreise zu Trägern gewisser Zweige des Armenwesens zu machen. Vorweg möchte ich bemerken, daß der Vorschlag, die Waisenpflege auf den Kreis übergehen zu lassen, keine innere Notwendigkeit in sich trägt, denn zunächst — — —

Vorsitzender: Ich muß den Herrn Redner darauf aufmerksam machen, daß er bereits 20 Minuten spricht.

Gemeindevorsteher Dr. Lücker aus Roßberg b. Beuthen, O.=S., — stehen wir vor dem Reichswaisengesetz, das die Waisenlasten wesentlich herabmindern wird. Ich möchte Ihnen noch einen anderen Vorschlag machen, auch hier wiederum die Wege französischer Gesetzgebung einzuschlagen, den Ertrag der Polizeistrafen innerhalb eines großen Bezirkes gleichmäßig zu verteilen und die einkommenden Beträge durch die Landesverwaltung an die Ortsarmenverbände zur Deckung ihrer Waisenkosten zu überweisen. Die in der Rheinprovinz bestehenden, von der Landesverwaltung verwalteten Polizeistrafgelderfonds geben für jedes Waisenkind 80—100 Mark jährlich an Unterstützung[1].

Wenn wir sonach den Kreis als Träger der Armenlasten ausgeschaltet zu sehen wünschen, so schließt das nicht aus, daß wir ihm auf einem anderen Gebiete, dem der fakultativen Armenpflege, der Wohlfahrtspflege, eine große Zukunft herbeisehnen. Je größere Überschüsse die Spar-

---

[1] Über die Polizeistrafgelderfonds der Rheinprovinz siehe die Verwaltungsberichte der rheinischen Provinzialverwaltung. Über die prinzipielle Bedeutung dieser Fonds s. mein Referat in dem Verein der Bürgermeister des Regierungsbezirkes Köln im Jahre 1904, gedruckt in den Drucksachen des Vereins.

lassen liefern, umso mehr wird der Kreis auf karitativem Gebiete an Boden gewinnen. Indessen steht dieser Entwicklung die heutige Kreisverfassung hindernd im Wege. Die gleichen Klagen der Klein- und Mittelstädte über ihren geringen Einfluß in den Provinziallandtagen erheben die großen Landgemeinden über die Kreistage. Die heutige Kreisordnung bevorzugt die Notabeln und den Grundbesitz in ungerechtfertigter Weise vor den Gemeinden. In Rheinland und in Westfalen sind sogar die Bürgermeister und Amtmänner von der Tätigkeit in der Kreisverwaltung kraft des Gesetzes ausgeschlossen. Noch ein anderer Umstand lähmt bei uns die Entwicklung der Kreise: die staatliche Bevormundung der Kreiskommunalverwaltung. Eine große Reform bereitet sich in Preußen vor. Der Zunahme des Personalbedarfes soll eine Reform der inneren Verwaltung steuern. Wer die bisherigen Vorschläge genauer verfolgt hat, wird sich mit der Tatsache abfinden müssen, daß mit der Neuänderung der Dinge eine erhebliche Zunahme der Befugnisse des Landrats verbunden sein wird. Dieser Landrat der Reform von 1910 wird mit dem altpreußischen nur mehr eines, den Titel, gemeinsam haben. Einst war der preußische Landrat Kreiseingesessener. Er ging aus den Grundbesitzern hervor. Er war Vertreter des Kreises bei der Regierung. Er hatte nur geringe Entscheidungsbefugnisse. Im Kreistag war er Primus inter pares. Von Grund auf haben sich die Dinge im Wechsel der Zeiten gewandelt. Der Landrat ist heute ein von der Regierung entsendeter Berufsbeamter, der im Gegensatz zu früher sein Amt nur als Durchgangsstadium betrachtet. Der Landrat und der ihm beigegebene Kreisausschuß sind mit Geschäften derartig überlastet, daß die eigentliche Kreiskommunalverwaltung heutzutage durch das Personal der Kreisausschüsse erfolgt, das sich gar nicht als Organ der Selbstverwaltung sondern einer Aufsichtsbehörde betrachtet. Dieser Zustand kennzeichnet sich dadurch am besten, daß sich der gesamte amtliche Schriftwechsel zwischen Kreiskommunalverband und Gemeinde heute in der Form des Berichtes und der Verfügung abspielt. Die Städte und die großen Landgemeinden stehen heute der Kreiskommunalverwaltung ablehnend gegenüber. Sie müssen in jeder ihrer Ausdehnung eine indirekte Wiederverstaatlichung erblicken, da der Einfluß des Kreistages auf die laufende Verwaltung so gut wie ausgeschlossen ist. Es ist charakteristisch für diese Zustände, daß in einem großen oberschlesischen Kreise die an und für sich zweckmäßige Schaffung eines Kreisvermessungsamtes von den Gemeinden abgelehnt wurde, weil sie darin eine weitere Machtstärkung der Aufsichtsbehörde sehen mußten.

Ein besseres Wahlrecht für die Kreis- und Provinziallandtage, leistungsfähige große Ortsarmenverbände, intensive Wohlfahrtspflege durch die Kreise und die Trennung der Kreiskommunalverwaltung von der Regierung sind die Forderungen, die zur Hebung der Armen- und der Wohlfahrtspflege auf dem platten Lande erhoben werden. Werden sie erfüllt, dann werden wir die schlummernden Kräfte wecken, werden die Städte und die großen Landgemeinden zu einer ersprießlichen und fruchtbringenden Arbeit auf dem Gebiete der Wohlfahrtspflege heranziehen. Dann werden wir die Fürsorge für die Notleidenden auf dem platten Lande aus den Niederungen der heutigen Zustände auf jene hehren Höhen emporführen, auf denen wir sie im Interesse unserer Selbstverwaltung, unserer Gemeinde und des hilfsbedürftigen Volkes herbeisehnen.

Stadtrat von Frankenberg=Braunschweig. Meine verehrten Damen und Herren! Nur mit ein paar Worten will ich nach einer ganz bestimmten Richtung hin die Ausführungen der Herren Berichterstatter und ihre verdienstvollen Mitteilungen ergänzen. Es liegt mir fern, in der Weise, wie der Herr Vorredner, französische Vorbilder Ihnen zu empfehlen; mein Wunsch geht dahin, daß die heutige Versammlung mit mir darin übereinstimmen möchte, daß der Ausbau einer deutschen Einrichtung, auf die wir stolz sein können, mit dazu beitragen möge, die Armenpflege auf dem Lande nach Möglichkeit zu bessern: und das ist die von den Herrn Berichterstattern bereits erwähnte deutsche Arbeiterversicherung. Ich bin der Ansicht, daß es für die Armenpflege auf dem Lande einen ganz außerordentlichen Fortschritt bedeuten wird, wenn die Versicherungspflicht auf die land- und forstwirtschaftlichen Arbeiter in der Krankenversicherung allgemein ausgedehnt werden wird, und es ist hier wohl der Ort, in dieser hochansehnlichen Versammlung darauf hinzuweisen, mit welcher Freude wir es begrüßen durften, daß im April dieses Jahres der Entwurf einer Reichsversicherungsordnung diesen wichtigen Fortschritt mit vorgesehen hat. Es kann keinem Zweifel unterliegen, daß durch Besserung der Krankenversicherungsverhältnisse auf dem Lande auch in anderer Beziehung sehr wesentliche Verbesserungen erzielt werden; ich will insbesondere darauf hinweisen, daß die ganze Arztfrage, die auf dem Lande so häufig außerordentlich große Schwierigkeiten bereitet, dann viel leichter der Lösung entgegengeführt werden kann. Ich will weiter darauf aufmerksam machen, daß sich an die Krankenkassen, so wie sie die Reichsversicherungsordnung vorsieht, an die Landkrankenkassen oder die größeren gemeinsamen Ortskrankenkassen, sehr wohl auch eine Familienkrankenversicherung angliedern läßt, durch die den Angehörigen der Versicherten die ärztliche Hilfe in Krankheitsfällen gewährt werden kann. Es würden das alles nach meinem Dafürhalten sehr wesentliche Fortschritte sein, zu denen sich, wie es seitens der Herren Berichterstatter auch schon hervorgehoben wurde, noch die Witwen= und Waisenversicherung, wenn auch zunächst aus finanziellen Gründen — der Not gehorchend, nicht dem eignen Triebe — in sehr enger Beschränkung gesellen würde. Ich hoffe, daß diese Maßregel im Laufe des nächsten Jahres bereits feste Form gewinnt, so daß die Reichsgesetzgebung in dieser Beziehung den Armen auf dem Lande zu Hilfe kommt. Denn davon dürfen wir überzeugt sein, daß, wie wir gehört haben aus Hannover und aus Schwabenland, aus Ostpreußen und aus Bayern, ein allgemeiner Notstand vorhanden ist, und daß deshalb eine möglichst umfassende allgemeine Hilfe angebracht ist. Ich wage nicht zu hoffen, daß durch eine Änderung des Unterstützungswohnsitzgesetzes, oder durch eine Übertragung der Bestimmungen des Unterstützungswohnsitzgesetzes auf Bayern, diese allgemeine Abhilfe erfolgen wird; ich hoffe vielmehr, daß durch den Ausbau der deutschen Arbeiterversicherung in dieser Hinsicht mancherlei Verbesserungen in der Zukunft werden erzielt werden. Den Hauptwert lege ich darauf, daß dabei auch die Familienkrankenversicherung mit zur Durchführung kommt; denn dadurch wird dem

Arbeiter die Sorge um sein eigen Fleisch und Blut in kranken Tagen abgenommen, und es darf hier wiederholt werden: in dem Familiensinn des deutschen Arbeiters, des deutschen Landarbeiters — wie ich mit den warmherzigen Worten des Herrn Geheimrats Kapp sagen möchte — liegt ein kostbarer Schatz, den man hegen und pflegen sollte.

(Bravo!)

Landesrat Schölzel=Breslau: Meine sehr verehrten Damen und Herren! Ich habe mir das Wort erbeten, um vom Standpunkt des schlesischen Landarmenverbandes, eines östlichen Landarmenverbandes, der, weil er die Stadt Breslau nicht mit umfaßt, auch ein ländlicher Verband ist, Stellung zu nehmen zu den Thesen, die mein Herr Kollege aus Hannover als letzter Referent Ihnen gedruckt vorgelegt hat.

Ich kann die ersten beiden Leitsätze, die Ihnen gedruckt vorliegen, ohne weiteres unterschreiben. Auch in Schlesien hat die ländliche Armenpflege im letzten Jahrzehnt ganz erhebliche Fortschritte gemacht; überall sind die Lasten von Jahr zu Jahr geringer geworden, und nur wenige leistungsunfähige Ortsarmenverbände werden noch vom Landarmenverbande unterstützt. 1899 wurden 240 Ortsarmenverbände mit rund 33 800 Mark unterstützt, 1907 nur noch 127 mit 21 000 Mark. Wenn Sie berücksichtigen, daß Schlesien beinahe 6000 Armenverbände umfaßt, so ist das gewiß eine geringe Zahl. Hinsichtlich der Ursachen, denen wir diese Besserung verdanken, kann ich mich lediglich auf den Boden des Herrn Referenten aus Hannover stellen.

Was die These 3 anlangt, so haben wir auch in Schlesien die Erfahrung gemacht, daß von den Ortsarmenverbänden landarme Kranke gegenüber den eigentlichen Ortsarmen überreichlich unterstützt wurden. Wir haben uns, ähnlich wie Hannover, seit einigen Jahren durch Kontrolleure geholfen, die sehr segensreich gewirkt und erhebliche Reduktionen erzielt haben durch Zurückführung der Armenpflege auf das wirklich notwendige Maß. Die versuchsweise eingeführte Kontrolle soll als ständige Einrichtung beibehalten werden.

Zu These 4 macht der Herr Referent aus Hannover Vorschläge, die vom Standpunkte eines ländlichen Armenverbandes sehr zu begrüßen wären. Ich glaube aber, daß die städtischen Armenverbände und auch die Industriezentren sich weigern werden, diese These zu akzeptieren. Mir scheint dieser Vorschlag noch etwas verfrüht. Wir müssen doch abwarten, welche Wirkung die Novelle zum Unterstützungswohnsitzgesetz ausüben wird; ich gebe mich der Hoffnung hin, daß die erhofften Wirkungen eintreten werden; jedenfalls müssen wir das erst abwarten, ehe wir von neuem an eine Abänderung des Unterstützungswohnsitzgesetzes herangehen. Gegen eine weitere Übertragung der Armenpflege an größere Verbände möchte ich mich entschieden aussprechen; jedenfalls kann eine Übertragung weiterer Zweige der Armenpflege auf die Landarmenverbände ohne neue erhebliche Dotationen nach meinem Dafürhalten nicht verlangt werden.

Was die Schaffung von Gesamtarmenverbänden anlangt, so kann ich für Schlesien nur zwei ganz kurze Zahlen geben. 2663 Gesamtarmenverbände stehen 3246 Ortsarmenverbänden gegenüber. Wir haben also in

Schlesien von der freiwilligen Bildung von Gesamtarmenverbänden einen ziemlich reichlichen Gebrauch gemacht.

Zu fünf hat der Herr Referent eingehend die erleichterte Einführung des preußischen Wanderarbeitsstättengesetzes behandelt. Unter diejenigen Provinzen, welche sich zwar nicht ablehnend, aber doch abwartend verhalten, zählt auch Schlesien. Wir haben dort den Anfang der erstrebten Fürsorge für die Wanderarmen darin, daß im Regierungsbezirk Liegnitz, dank der energischen Tätigkeit unserer Behörden, ein Netz von Wanderarbeitsstätten geschaffen ist mit einer Zentrale in Liegnitz, die im allgemeinen segensreich gewirkt haben, wenn sich auch der vornehmste Zweck, nämlich die Versorgung der Wanderarmen mit Arbeitsgelegenheit, durch die Erfahrung nicht hat erreichen lassen, und wenn sich auch ein weiterer Zweck, der in Liegnitz geübt wird, die Weiterbeförderung der Wanderarmen mit der Bahn — also nicht per pedes, sondern per Bahn — in der Praxis nicht bewährt hat. In Schlesien glaubten sowohl der Herr Oberpräsident wie der Herr Landeshauptmann im Provinziallandtag keinen dankbaren Boden für die Annahme des Wanderarbeitsstättengesetzes zu finden; die Zweidrittelmehrheit wäre sicher nicht erreicht worden. Man wollte daher dem Gesetz nicht schaden durch eine Ablehnung, sondern man hat sich dahin geeinigt, daß auf Ersuchen des Landeshauptmanns die beiden anderen Regierungsbezirke, Oppeln und Breslau, die vorhandenen Verpflegungsstationen und ähnlichen Institute nach dem Liegnitzer Muster zu Wanderarbeitsstätten ausbauen. Außerdem haben wir noch zwei sehr große und mit umfangreichem Grundbesitz versehene Arbeiterkolonien, die auch mit Arbeitsnachweis verbunden sind, so daß wir eine Fürsorge für Wanderarme in ziemlichem Umfange haben. Wir subventionieren mit 26 000 Mark diese vorhandenen und im Ausbau begriffenen Wanderarbeitsstätten und hoffen, daß allmählich bei uns sich doch die vorhandenen Institute so bewähren werden, daß schließlich eine Majorität im Landtag für Einführung des Gesetzes zu finden sein wird. Allerdings bedenklich ist meinem Chef und mir gewesen das Urteil eines Großindustriellen in Westpreußen. Als dieser Herr von dem Pastor von Bodelschwingh um Unterstützung seines Wanderarbeitsstättenplanes angegangen wurde, hat er ihm geantwortet, daß er dafür nicht zu haben sei; er hielte diese Wanderarbeitsstätten für Brutstätten sozialdemokratischer Gesinnung und für „Pfründen für allerlei arbeitsscheue Elemente". Das hat uns doch stutzig gemacht. Wir werden die Bewährung des Gesetzes in den anderen Provinzen abwarten; wir wollen auch abwarten, wie sich das in Schlesien weiter ausbildet, und dann eventuell unserem Provinziallandtage eine Vorlage machen.

In These 6 verlangt der Herr Referent aus Hannover die Ausdehnung des preußischen Gesetzes vom 11. Juli 1891 auf weitere Krankenkreise. Wenn ich auch nicht mit so großen Zahlen dienen kann wie der Herr Referent aus Ostpreußen, so muß ich doch einer solchen Ausdehnung von den schlesischen Verhältnissen aus entschieden widersprechen, wenn nicht eine ausreichende Dotation vom Staat gewährt wird. Wir haben seit dem Jahre 1895, dem Inkrafttreten des Gesetzes vom 11. Juli 1891, bis 1907 eine Steigerung erfahren an Landarmenkosten von 1 253 000 Mk. auf 2 269 000 Mk., oder von 6,35 % auf 7,85 % der Staatssteuern. Unsere Provinzialabgaben sind in derselben Zeit von 1 456 000 (5,95 % der Staatssteuern) auf 3 358 000 Mk. (9,65 % der Staatssteuern) gestiegen, das ist eine Steigerung von fast 150 %. Unsere Anleiheschulden sind von 4 888 000 Mk. auf 18 725 000 Mk. gestiegen, haben sich also fast vervierfacht — hier ist die Wegebauverwaltung und der schlesische Landarmenverband nicht inbegriffen. Diese Anleihen entfallen zum großen Teil auf den Bau zweier neuer großer Irrenanstalten. Wir haben im Jahre 1909 uns vom Landtage wiederum 5 Millionen für Irrenzwecke bewilligen lassen müssen, um neue Plätze in den Anstalten zu schaffen, und auch diese Plätze werden nur bis 1912 voraussichtlich reichen; alsdann müssen wir wieder neue Anstalten bauen. Alles Ausgaben zum Zwecke der außerordentlichen Armenpflege, die es begreiflich machen, daß der schlesische Landarmenverband sich sträubt gegen eine Erweiterung seiner gesetzlichen Verpflichtungen ohne ausreichende Dotation.

Was im einzelnen die Vorschläge anlangt, so kann ich denjenigen zu a und b im wesentlichen beistimmen. Wir haben bereits eine Fürsorge für bildungsfähige idiotische und epileptische Kinder, teils auf Grund eines Provinzialgesetzes, teils auf Grund der Tatsache, daß wir in provinziell sehr ausgiebig unterstützten Privatanstalten für Blinde und Taubstumme ausreichende Bildungsgelegenheit geben, und daß die Ortsarmenverbände solche Kinder billiger unterbringen können, als ihr Beitrag auf Grund des Gesetzes vom 11. Juli 1891 sein würde. Sie bringen sie deswegen zum größten Teil direkt unter, zum Teil durch Vermittlung des Landarmenverbandes, dem aber dadurch keine Kosten erwachsen.

Hinsichtlich der Krüppel gehe ich weiter als der Herr Referent. Ich möchte sogar wünschen, daß auch diejenigen, die der Pflege bedürfen, der Fürsorge der Landarmenverbände auf Grund des Gesetzes von 1891 unterstellt werden. Wir haben ein einziges Krüppelheim, das bei weitem nicht ausreicht, und auch dort sind die Kosten so hoch, daß die Ortsarmenverbände sich scheuen, ihre Krüppel dort unterzubringen. Zu c und d muß ich ganz entschieden widersprechen der Ausdehnung des Gesetzes auf Sieche und Gebrechliche, sowie auf Arbeitsscheue und Trinker. Die Krankenpflege wird ausreichend geübt von der Versicherungsanstalt, und außerdem geben die Kreiskrankenhäuser, die städtischen Krankenhäuser, die Gemeindekrankenhäuser ausreichend Gelegenheit, die Kranken billig unterzubringen. Gegen Arbeitsscheue ist durch Verschärfung der strafgesetzlichen Vorschriften und durch Einführung gesetzlichen Arbeitszwanges vorzugehen, aber nicht durch schrankenlose Unterstützung auf Grund des Gesetzes von 1891. Für die Trinker haben wir in Schlesien ausreichende Fürsorgeanstalten, die von uns subventioniert werden; es liegt kein ausreichender Grund vor, sie dem Gesetz von 1891 zu unterstellen.

Mit dem ersten Diskussionsredner habe ich Bedenken, die unter 7 und 8 vorgeschlagene Beteiligung der Kreisverbände gutzuheißen. Bezüglich der Krankenfürsorge kann ich mich auf meine vorstehenden Ausführungen beziehen. Die Waisen sollten doch mehr in Familien untergebracht werden. Wie ich jetzt erfahren habe, neigen auch einzelne schlesische Städte dazu, sie in Familien unterzubringen, und erst im Bedarfsfalle in Anstalten. Die Einzelerziehung scheint in der Regel besser, als die Anstaltsmassenerziehung.

Hinsichtlich der Gesamtarmenverbände — These 9 — habe ich bereits mitgeteilt, daß in Schlesien eine ausreichende Bildung von solchen stattgefunden hat; bei uns ist also eine Änderung der Gesetzgebung nicht notwendig.

Die Beihilfe an leistungsunfähige Ortsarmenverbände — These 10 — wird bei uns ausreichend geübt; die Beihilfen sind von Jahr zu Jahr zurückgegangen.

Den sehr bestechenden Ausführungen des Herrn Referenten aus Ostpreußen möchte ich gern beitreten. Ich fürchte aber, sie werden ein unerfüllbares Ideal bleiben. Ich kann mir nicht denken, daß ein schlesischer Gutsbesitzer erhebliche Unkosten und Mittel aufwenden würde, um in seiner Gemeinde Heimstätten und dergleichen für seine Arbeiter zu errichten, ohne dafür auf der anderen Seite die Sicherheit zu haben, daß sie wirklich mit ihren Familien auf seinem Gute bleiben und arbeiten. Es würde das ebenso werden wie mit den Stellenbesitzern, daß sie ihre Familie zuhause zurücklassen, sie selbst aber in die westlichen Provinzen, in die Industriegebiete, wo sie noch höhere Löhne bekommen, abwandern, und dort ihre Arbeitskraft verwerten.

Ich kann nicht schließen, ohne mich ganz kurz mit dem ersten Diskussionsredner noch abzufinden bezüglich der traurigen Schilderung der schlesischen Verhältnisse. Ich möchte nur erwähnen: ich bin in Schlesien geboren und groß geworden, bin 52 Jahre alt und bin erheblich kaum aus der Provinz herausgekommen; aber solche Mißstände, wie sie der erste Herr Diskussionsredner behauptet, habe ich noch nicht wahrgenommen.

Stadtverordneter Salinger, Mitglied der Armendirektion zu Schöneberg/Berlin: Meine Damen und Herren, ich will Sie mit einem Vortrag nicht belästigen, sondern nur einige Ausführungen machen, und zwar zu dem Vortrage des einen Herrn Referenten, Geheimrat Kapp, der über die ländlichen Verhältnisse so viel Aufklärung gegeben hat. Ich selbst, der ich Ackerwirtschaft gehabt habe, kenne diese Verhältnisse zur Genüge, um auch ein Urteil darüber abgeben zu können. Zu Beginn des Vortrages glaubte ich, der Herr Geheimrat würde die Herren im Osten der Monarchie vertreten, die immer dahin streben und dafür sind, die Freizügigkeit wieder aufzuheben; ich habe mich gefreut, daß das nicht der Fall war, sondern daß der Herr Geheimrat das Entgegengesetzte von dem vorschlug, und daß er in vollständig richtiger Weise die Sache zu würdigen mußte. Es war nicht, als wenn jemand vom grünen Tisch irgendwie ein Urteil fällt, sondern es war aus der Wirklichkeit hervorgegangen und herausgegriffen. Ich habe in den achtziger Jahren des vorigen Jahrhunderts eine Wirtschaft im Regierungsbezirk Frankfurt a. O. auf dem Lande gehabt und sagte zu dem alten Inspektor, den ich dort hatte: so kann die Wirtschaft nicht weitergehen; denn wenn die Knechte nicht zu essen bekommen, dann können sie auch nicht arbeiten. Darauf sagte er: Herr Salinger, führen Sie doch keine neuen Zustände ein, Sie ruinieren ja alles, die Leute wollen dann immer noch mehr haben. Ich habe trotzdem eine Änderung eintreten lassen, und die Sache hat sehr wenig gekostet, das Gefühl, welches ich für die Leute hatte, hat mir mehr eingebracht, als die Kosten betrugen. Es ist ein falscher Standpunkt der Landwirte, wenn sie immer glauben, daß die Arbeiter, die etwas Menschenwürdiges verlangen, Sozialdemokraten seien; das ist ein so merkwürdig kleinlicher Standpunkt, der mitunter gar nicht zu begreifen ist. Ich stehe auf dem Standpunkt, daß, wenn in dieser Weise, wie Herr Geheimrat Kapp vorgeschlagen hat, auf dem Lande vorgegangen würde, wir es in den Städten auch fühlen, denn wir würden lange nicht diese kolossalen Unterstützungen zahlen müssen. Heute, wenn der Sohn vom Lande weggeht und sich in die Stadt begibt, — wer will es seinem Vater, der beim Militär gewesen ist und ganz andere Verhältnisse kennt, verdenken, daß er sich damit einverstanden erklärt? Jeder Mensch will doch, daß sein Kind eine bessere Stellung bekommt. Daß ganz und gar die Landflucht aufhören wird, der Überzeugung bin ich nicht; aber man kann doch Zustände schaffen, die uns ganz entschieden eine Besserung auf dem Lande bringen; vor allem, daß die Arbeiter einen menschenwürdigen Lohn bekommen. Ich bin nicht der Ansicht des Herrn Geheimrats, der zirka 1400 Mk. Lohn angenommen hatte; so hoch können wir uns nicht versteigen. Die Naturalien schätze ich überhaupt nur auf 200 Mk., und wenn wir die 300 Arbeitstage durchschnittlich mit 2 Mk. bezahlen, so würden 800 Mk. herauskommen. Jedenfalls würden die Leute, wenn sie in solcher Weise wie Herr Geheimrat andeutete, angesiedelt würden — sie brauchen ja kein Eigentum zu bekommen, sondern nur eine menschenwürdige Wohnung — sich heimisch fühlen.

Ich möchte hier noch einen Fall zur Sprache bringen, weil die Landarmenverbände herangezogen wurden. Wir haben bei uns in Schöneberg einen Fall gehabt, wo ich selbst, der ich in der Armendirektion bin, keine Ahnung davon hatte, daß der betreffende Arme eigentlich keinen Unterstützungswohnsitz hatte; es wurde recherchiert, und es wurde ihm das Geld gezahlt. Es war ein früherer Maler, ein Mann in den siebziger Jahren, außerdem noch gichtleidend, so daß er nichts mehr verdienen konnte. Nun wollte er im Frühjahr seinen Wohnsitz in einen Badeort verlegen. Ich sagte ihm: Sie können ruhig ziehen, Sie bekommen ja die Unterstützung von uns weiter gezahlt; ich hatte aber keine Ahnung, daß er, da er früher von Berlin nach Wilmersdorf gezogen war, dadurch seinen Unterstützungswohnsitz verloren hatte. Jetzt weigert sich der dortige Landarmenverband und sagt: wir können nichts zahlen, wir haben nichts, er muß wieder abgeschoben werden. Ich habe mich noch persönlich bemüht, damit der dortige Landarmenverband etwas tun solle. Da sieht man aber, wie die Leute dann abgeschoben werden; der Unterstützungswohnsitz ist weggefallen, dann muß der Betreffende wieder abgehen. Das ist das Traurige bei den Landarmenverbänden und auch da, glaube ich, ließe sich etwas besseres schaffen.

Nun, verehrte Anwesende, es ist schon erfreulich, wenn man sieht — und ich bin zum ersten Male in der Lage, an einem Kongreß dieses Vereins teilzunehmen —, daß das Eingreifen des Vereins für Armenpflege und Wohltätigkeit ganz bedeutende Vorteile hat, denn die Anregungen, die seit Jahren gegeben werden, verhallen nicht, sondern das Samenkorn geht auf, und die Ethik greift mehr und mehr Platz. Es liegt auch heute schon bei manchen Landgemeinden anders; da ist schon mancher Bauer, der vor 20

Jahren auf einem ganz anderen Standpunkt stand, ethischer geworden und sagt sich: Ja, das sind doch auch Menschen. Der Grund, der durch diesen Verein gelegt wird, davon bin ich fest überzeugt, wird auch in der Gesetzgebung uns zur Hilfe kommen. Dann wird immer mehr und mehr, worauf bei Eröffnung dieser Versammlung hauptsächlich Wert gelegt wurde, Moral und Ethik verbreitet werden durch diesen Verein. Davon bin ich fest überzeugt.

(Bravo!)

Bürgermeister Westram-Ratibor: Nur eine ganz kurze Bemerkung, meine Damen und Herren! Es ist seitens der Herren Berichterstatter erwähnt worden, daß vielfach die ländlichen Gemeinden die Unterstützung für ortsfremde Personen höher bemessen, als für ihre eigenen Angehörigen. Es ist das eine Tatsache, die wohl jeder von uns, der Armendezernent ist, auch schon gemacht hat. Nun ist da als ein besonders wirksames Mittel in der Diskussion seitens des Herrn Landesrat Schölzel die Einrichtung der Landarmenkontrolleure erwähnt worden. Diese beruht auf einem Beschluß der preußischen Landesdirektoren. Ich verspreche mir von diesem Mittel sehr wenig auf Grund der Erfahrungen, die ich gemacht habe. (Vergl. Selbstverw. 1908 Nr. 21.)

Zunächst ist das Mittel ein ungesetzliches; denn nach § 7 des Unterstützungswohnsitzgesetzes stehen Landarmenverbände und Ortsarmenverbände einander vollständig gleich, es wäre also ein Unding, wenn ein gleichgestellter Armenverband einen anderen Armenverband bezüglich der Gewährung von Unterstützungen kontrolliert, in seine Geschäftsführung sich hinein mischt. Die Aufsicht über die Geschäftsführung der Armenverbände findet vielmehr durch die landesgesetzlich dazu bestimmten Organe statt und ist für Preußen geregelt durch das Gesetz über die allgemeine Landesverwaltung und das Ausführungsgesetz vom 8. 3. 1871 / 11. 7. 1891.

Vom praktischen Standpunkt aus verspreche ich mir ebensowenig von dieser vorgeschlagenen Maßregel der Kontrolleure auf Grund der Erfahrungen, die ich mit denselben gemacht habe. Es sind nämlich auch die städtischen Verwaltungen mit deren Besuch beglückt worden, und wir haben nachher die Revisionsberichte zugeschickt bekommen. Nun hieße es doch wohl die Tätigkeit und den Pflichteifer unserer Armenpfleger sehr niedrig einschätzen, wenn man glaubt, daß diese Herren sich nicht mit dem nötigen Eifer, mit der nötigen Gewissenhaftigkeit Gewißheit verschafften über die Bedürftigkeit einer Person, von der sie zur Zeit, wo sie die Hilfsbedürftigkeit prüfen, sehr häufig noch gar nicht wissen, ob sie den Unterstützungswohnsitz in der Stadt hat, oder ob sich vielleicht nach 6 Monaten auf Grund der angestellten Ermittelungen herausstellt, daß sie landarm ist oder sonst in einem anderen Armenverbande ihren Unterstützungswohnsitz hat. Nein, meine Herren, unsere Armenpfleger haben Gott sei Dank diesen Pflichteifer, daß sie ganz genau und sorgfältig die Verhältnisse prüfen, nicht von dem Standpunkt aus, ob dadurch eine Mehrbelastung der Stadt oder des Landarmenverbandes eintritt, sondern ob ein Armer Hilfe bedarf. Nun findet also von dieser Seite aus eine sehr sorgfältige Prüfung statt, die Unterstützung wird angewiesen, die Zentralstelle prüft nochmals und weist dann definitiv die Unterstützung an. Der Armenkontrolleur aber kommt in den fremden Ort, hat eine Liste sämtlicher Landarmen, die in diesem Ort, sei es Dorf oder Stadt, auf Kosten des Landarmenverbandes verpflegt werden, und prüft in ungefähr 20 Minuten — mehr Zeit kann auf den einzelnen Armen kaum entfallen — seiner Meinung nach ganz genau die Verhältnisse des betreffenden Landarmen. Wie er das anstellt, wo er die Kenntnis der örtlichen Verhältnisse hernimmt, weiß ich nicht; ich weiß aber, daß seine Tätigkeit im wesentlichen darin besteht, daß er die Unterstützung der Landarmen unter allen Umständen herabzudrücken versucht. Es ist in meiner Stadt vorgekommen, daß einer wohltätigen Anstalt, die auch landarme Kinder in Pflege übernommen hatte, bedeutet wurde, die Unterstützungen von 10 und 12 Mark, die die Stadt jetzt für Rechnung des Landarmenverbandes monatlich zahlte, wären zu hoch und müßten auf 7 und 9 Mark herabgesetzt werden. Die Anstaltsoberin ließ sich auch einschüchtern. Wer darunter leidet, ist natürlich das Kind. Und ich meine, auf dem Lande wird es noch schlechter sein; denn der Kontrolleur kennt wohl die städtischen Verhältnisse noch eher, aber nicht diejenigen auf dem Lande, und die sind untereinander so verschieden in den einzelnen Gegenden, daß das, was in dem einen Armenverbande zutreffen mag, vielleicht in einem anderen, 10 Kilometer entfernten Armenverbande nicht mehr zutrifft. Wir haben mitten im rein ländlichen Bezirke plötzlich eine Industriegemeinde, in der die Lebensbedürfnisse und die ganze Lebensführung naturgemäß ganz andere sind als in einer rein ländlichen Gemeinde; es hieße wirklich, von diesem Kontrolleur Unmögliches verlangen, wenn man ihm zumutete, diese Verhältnisse im Augenblick, in dieser kurzen Frist, so genau zu prüfen und zu entscheiden. Ich glaube, eine häufigere und gewissenhafte Aufsicht durch die gesetzlich berufenen Aufsichtsbehörden der Ortsarmenverbände würde bei den ländlichen Gemeinden mit besserem Erfolge dasselbe erreichen, was durch diese Landarmenkontrolleure geschaffen werden soll, und ich glaube auch, daß bei uns in Preußen der Landrat dieser Aufgabe voll gewachsen sein wird.

Frau Amtsgerichtsrat Neuhaus-Dortmund: Ich möchte darauf aufmerksam machen, daß für die Landgemeinden eine besondere und eigentümliche Schwierigkeit sich ergibt dadurch, daß die Insassen der in ihrem Bezirk errichteten Fürsorgeheime unter Umständen dort ihren Unterstützungswohnsitz erwerben können, und daß es nach meiner Erfahrung nicht genau feststeht, inwieweit dies eintrifft.

Für die Fürsorgeheime kommt ja unter den vom § 11 des Reichsgesetzes über den Unterstützungswohnsitz genannten drei Ausnahmen fast nur die eine, die Bewahranstalten, in Frage, und da ist mir auf meine wiederholten Erkundigungen, auch bei kompetenten Persönlichkeiten, gesagt worden, daß das Moment der Freiwilligkeit da eine große Rolle spiele, daß ein Mädchen, das freiwillig in eine Anstalt ginge, obwohl es noch in der Lage sei, sein Brot zu verdienen, in dem Orte, wo diese Fürsorgeanstalt wäre, den Unterstützungswohnsitz erwürbe. Wenn das der Fall ist, so wird dem Gründen solcher Fürsorgeanstalten eine ganz bedeutende Schwierigkeit in den

Weg gestellt, unter der wir schon jetzt leiden. Wir geben uns die größte Mühe, unsere Fürsorgebedürftigen zur Mitarbeit an ihrer Hebung durch die Freiwilligkeit heranzuziehen; also wir legen Wert auf die Freiwilligkeit. Anderseits haben wir ein großes Interesse daran, unsere Fürsorgeanstalten gerade in den ländlichen Gegenden zu errichten, wo für die Betreffenden viel besser gesorgt wäre. Nach dem neuen Gesetz ist schon nach einem Jahre, und schon vom 16. Jahre an, der Unterstützungswohnsitz zu erlangen. Wenn also das tatsächlich so ist, daß der freiwillig in eine Anstalt sich Begebende, sofern er sonst seinen Unterhalt noch gut verdienen könnte, nach einem Jahre schon den Unterstützungswohnsitz erwirbt, so müßten ja die Landgemeinden mit aller Gewalt sich dagegen verwahren, daß man in ihrem Bereich eine derartige Anstalt errichtet. Das widerspricht sich ja in sich. Es kommt noch hinzu, daß diese Frage der Unterstützung in den Fürsorgeheimen besonders oft akut wird, weil gerade diese Mädchen, die mehr oder weniger leichtsinnig gelebt haben, leichter krank werden und momentan ins Krankenhaus befördert werden müssen als andere. Also diese Frage tritt sehr scharf an uns heran. Nicht nur bei Errichtung von Anstalten, sondern auch schon bei der Aufnahme solcher fürsorgebedürftigen Persönlichkeiten treffen wir auf große Schwierigkeiten, weil die Gemeinden fürchten, daß sie den Unterstützungswohnsitz erwerben. — Ich möchte hier darauf hinweisen, damit, wenn an eine Gesetzesänderung herangegangen wird, auch dieser Punkt geregelt werde. Es muß feststehen, daß jemand, der sich freiwillig in eine Anstalt hineinbegibt, weil er wieder in geordnete Verhältnisse kommen will, nicht dadurch ein Recht erwirbt, der Gemeinde, in der diese Anstalt liegt, zur Last zu fallen.

(Bravo!)

Vorsitzender: Die Rednerliste ist erschöpft; Herr Doktor Münsterberg wünscht ein paar Worte zum Schluß zu sagen.

Stadtrat Dr. Münsterberg-Berlin: Ich wollte nur wegen der geschäftlichen Behandlung ein Wort sagen. Wir haben bei der Besprechung der geschäftlichen Verhandlung der Sache angenommen, daß es auch hier, wie bei dem gestrigen Thema der Schulspeisung, zur Annahme förmlicher Leitsätze nicht kommen werde. Sie haben gesehen, daß auch hier die Tendenzen, die in den früheren Verhandlungen des Vereins so lebhaft zum Ausdruck gekommen sind, ihren Boden gefunden haben, und daß, wenn auch mannigfach gefärbt, doch die eine große Richtung der Stärkung der Leistungsfähigkeit der Gemeinden auch hier wieder sehr eindringlich betont worden ist; sei es, daß die Gemeinden in sich gestärkt werden, sei es, daß die größeren Verbände mithelfen, sei es, daß Gemeinden zwangsweise zusammengelegt werden, wofür zwei Herren sich freudig aussprachen, während andere Bedenken hatten, — kurz es ist im großen Ganzen, kann man sagen, Übereinstimmung dahin erzielt worden, daß diese Richtung vollständig berechtigt ist, und daß auf diesem Wege fortzuschreiten sein möchte. Wir können aber über die Einzelheiten unmöglich abstimmen, da es ein zu großes Detail sein würde; wir vertrauen, daß vielleicht noch mehr und zum mindesten ebenso wie bei dem gestrigen Thema die Verhandlungen, die in Druck gelegt werden, jedem, der sich mit der Frage beschäftigt, ein sehr gutes und lehrreiches Material bieten werden, um sich mit der Frage weiter zu befassen. Ohne den anderen Referenten zu nahe zu treten, glaube ich doch der Empfindung Ausdruck geben zu sollen, daß es uns sehr willkommen war, daß Herr Geheimrat Kapp ein wenig über die ganz strenge Grenze, die die rein fachliche Behandlung der Frage bietet, hinausgegangen ist und in großzügiger Weise etwas betont hat, was ich mir ja auch schon in meinen Einführungsworten anzudeuten erlaubt hatte, daß die Vorbeugung, daß der innere Aufbau, daß die Erfüllung kultureller und sozialer Aufgaben gegenüber der Landbevölkerung zweifellos höher stehen, als die positiven Verbesserungen repressiver Armenpflege. Ich nehme an, daß aus dem, was hier gesprochen und verhandelt worden ist — eine Verhandlung, die nun doch fast ununterbrochen sechs Stunden gewährt hat, wirklich die Hörer unmittelbare Anregung und Belehrung mitnehmen, daß die Verhandlungen, wenn sie gedruckt vorliegen, weiter fortwirken werden, und daß sie von unserem Standpunkte aus, und namentlich auch vom Standpunkte der Regierungen und Parlamente einen Markstein in der Behandlung dieser Frage bilden werden. Und damit glaube ich, dürfen wir uns begnügen; ich würde daher empfehlen, von der Aufstellung oder Annahme von einzelnen Leitsätzen Abstand zu nehmen.

Berichterstatter Generallandschaftsdirektor Geheimer Oberregierungsrat Dr. Kapp=Königsberg i. P.: In den Schlußbemerkungen meines Referats habe auch ich mir bereits erlaubt, darauf hinzuweisen, daß es wohl nicht die Aufgabe der heutigen Besprechung sein kann, schon im gegenwärtigen Moment Resolutionen anzunehmen. Ich habe das hauptsächlich betont gerade vom Standpunkt der präventiven Armenpflege, den ich bei meinem Referat mir erlaubt habe in den Vordergrund der Erörterung zu stellen.

Meine Damen und Herren, es ist Ihnen bekannt, daß wir bei der inneren Kolonisation erst im Anfang einer großen Entwicklung stehen, daß sich noch gar nicht absehen läßt, welche Bahnen diese Entwicklung einschlagen wird, daß es die wichtigsten Organisationsfragen sind der Seßhaftmachung der breiten Unterschichten unserer ländlichen Bevölkerung, die einer Lösung entgegengeführt werden müssen, bevor wir in der Lage sind, einen auch nur einigermaßen abschließenden Überblick zu gewinnen, wie sich diese Entwicklung in Zukunft weiter gestalten wird. Ich möchte also annehmen, daß die Auffassung meines hochverehrten Herrn Vorredners, wenigstens zunächst noch eine abwartende Stellung einzunehmen, durchaus das Richtige trifft.

Gleichwohl möchte ich mir gestatten, ganz kurz noch auf einzelne Punkte zurückzukommen, die in der Diskussion von den einzelnen Rednern berührt worden sind. Ich werde das der Reihenfolge nach tun, und da wende ich mich zunächst zu dem, was Herr Gemeindevorsteher Dr. Lücker gesagt hat.

Ich pflichte Herrn Dr. Lücker vollkommen darin bei, daß es sehr schwierig ist, den Begriff dessen, was unter plattem Lande zu verstehen ist, scharf abzugrenzen, und gerade seine oberschlesischen Verhältnisse weisen darauf hin, daß es hierfür in der Tat an allgemein zutreffenden Kriterien fehlt. In meiner langjährigen Tätigkeit als Landrat eines brandenburgischen Kreises habe ich mehrfach die Wahrnehmung machen können, daß selbst in ländlichen

Gemeinden mit geringer Einwohnerzahl der Charakter einer ländlichen Gemeinde eigentlich ganz verloren gegangen war, daß infolge von industriellen Betrieben, von Holzschleifereien, großen Mühlenetablissements, Riesenziegeleien und ähnlichen Etablissements, die betreffende Gemeinde einen ganz industriellen Charakter gewonnen hatte sowohl in der sozialen Schichtung der Bevölkerung, als auch, was ja im Gemeindeleben von besonderer Bedeutung ist, hinsichtlich der Zusammensetzung der Gemeindevertretung und der Quellen der Gemeindebesteuerung. Ich kann also wenigstens nach dieser Richtung hin den Bedenken und Gesichtspunkten, wie sie von Herrn Dr. Lücker aufgestellt worden sind, auch meinerseits nur beipflichten. Dahingegen muß ich es aber auf das entschiedenste zurückweisen, als ob die Inhaber der selbständigen Gutsbezirke darauf ausgingen, sich ihren Verpflichtungen hinsichtlich der Aufbringung von Steuern und insbesondere der Armenlasten zu entziehen. Es liegt mir gänzlich fern, mich für sämtliche Gutsbesitzer ins Zeug legen zu wollen; wir sind alle Menschen, und sicher kommen auch unter den Gutsbesitzern solche vor, die ihren Pflichten nicht so nachkommen, wie es vielleicht im allgemeinen Interesse wünschenswert wäre; aber in dieser Allgemeinheit ausgesprochen ist eine derartige Beschuldigung falsch und muß mit allem Nachdruck zurückgewiesen werden. Es hat mir aber durchaus fern gelegen — und das möchte ich zum zweiten betonen —, als ob ich für meine Person eine derartige Freilassung der Inhaber selbständiger Gutsbezirke von den ihnen zukommenden Armenlasten befürwortet hätte. Das ist mir nicht eingefallen, und es muß da ein Irrtum auf seiten des Herrn Dr. Lücker vorliegen, an dem ich nicht Schuld bin. Ich habe nur davor gewarnt, daß, wenn mit der inneren Kolonisation vorgegangen wird, Arbeiter in Gutsbezirken angesetzt werden, und ich habe in Verbindung damit darauf hingewiesen, daß der ländliche Arbeiter in die Bauerngemeinde gehört, weil er sich dort als selbständiges Glied eines Gemeinwesens fühlt, weil er damit das Gefühl der Unabhängigkeit und Selbständigkeit erhält, und daß das Dinge sind, die der inneren Kolonisation und Arbeiteransetzung nur förderlich sein können. Meine Damen und Herren, ich wiederhole es: weswegen wandert denn der ländliche Arbeiter ab vom Lande, warum geht er in die Industriebezirke und in die großen Städte? Weil er wirtschaftlich-sozial unabhängig zu werden hofft. Diese ständige Aufsicht in den Gutsbezirken durch den Arbeitgeber und seine Beamten, die durch die Verbindung von Arbeits- und Wohngelegenheit bedingt ist, sagt dem landwirtschaftlichen Arbeiter vielfach nicht zu, und wenn man sich auf einen vorurteilsfreien Standpunkt stellt, wird man das den Leuten sehr wohl nachfühlen können. Also darum, und nicht etwa, um den Gutsbesitzer vor Armenlasten zu bewahren, habe ich gesagt, der anzusiedelnde Arbeiter gehört nicht in die Gutsbezirke, er soll angesiedelt werden in der bäuerlichen Gemeinde.

Ich komme damit zu Herrn Landesrat Schölzel. Er hat die Meinung ausgesprochen, daß, was ich befürwortet habe mit der inneren Kolonisation und der Seßhaftmachung der ländlichen Arbeiter, sei ein unerfüllbares Ideal. Ja, meine Damen und Herren, ich möchte demgegenüber darauf hinweisen, daß doch diese Bewegung schon sehr weite Kreise und gerade auch in der Provinz Schlesien erfaßt hat. Ich glaube, daß wenn das große Werk der

Seßhaftmachung der ländlichen Arbeiterbevölkerung nachdrücklich in die Hand genommen wird, die Aussichten in der Tat nicht so gering sind, wie es vielleicht auf den ersten Blick erscheint. Das ist ja natürlich: eine so große Aufgabe, die notwendig wird durch die Entwicklung unserer Agrarverfassung im letzten Jahrhundert, wird nicht mit einem Male vollkommener Erfüllung entgegengeführt werden können; es gehört unendlich viel Arbeit und Geduld dazu, und man soll sich nicht der Selbsttäuschung hingeben, als ob die Menschenalter hindurch vernachlässigte Wieder-Seßhaftmachung der ländlichen Arbeiterbevölkerung mit einem Schlage erreicht werden könne. Es ist eine alte Erfahrung, daß es viel leichter ist, etwas einzureißen, als das Eingerissene wieder aufzubauen, und deshalb sind die ungeheueren Schwierigkeiten, die sich bieten, keineswegs zu unterschätzen. Aber so weit zu gehen und die Sache überhaupt als hoffnungslos anzusehen, davor möchte ich doch dringend warnen. Zum mindesten muß doch der ernste Versuch gemacht werden.

Es ist dann nach meinen Notizen von Herrn Salinger bemängelt worden die Berechnung des ländlichen Einkommens der ostpreußischen Gutstagelöhnerfamilien. Ich hatte die betreffenden Ziffern angegeben unter Einbeziehung der Naturalbezüge auf 1200 bis 1400 Mk. Ich will mich nicht in Einzelheiten verlieren. Auch stellen sich die Bezüge natürlich nach den einzelnen Gegenden — auch da spielt es ja eine große Rolle, ob die betreffende Gegend landwirtschaftlich reich oder arm ist — sehr verschieden; es sind aber zahlreiche Berechnungen aus der Praxis aufgestellt worden, und sie bewegen sich in den von mir angegebenen Grenzen. Wenn man den Wert aller Naturalbezüge des ostpreußischen Gutstagelöhners aus der Kuh-, Schweine- und Federviehhaltung, aus Garten- und Kartoffelland, aus dem Erdruschanteil, an freier Wohnung, Brennmaterial, Arzt und Apotheke zusammenzählt, so werden sich meine Angaben als ungefähr zutreffend herausstellen. Richtig ist allerdings, daß die Geldbezüge verhältnismäßig niedrig sind, sie spielen in dem Budget des ländlichen Gutsarbeiters in Ostpreußen eine verhältnismäßig untergeordnete Rolle. Ich möchte aber bezüglich der Einschätzung der Naturalbezüge durch die Arbeitgeber auf einen Gesichtspunkt hinweisen. Leider mehren sich die Vorgänge, daß die Arbeitgeber dazu übergehen, die Naturalbezüge abzuschaffen und ihrerseits zum Barlohnsystem überzugehen. Es sind mir Fälle bekannt, daß Arbeitgeber sich berechnet haben, bei Tagelohnsätzen von 3 bis 4 Mk. finanziell ungleich günstiger abzuschneiden, als wenn sie den Arbeiter unter Beibehaltung der Naturalentlöhnung ständig beschäftigen. Das ist auch ein Beweis dafür, daß die Naturalbezüge nicht so niedrig zu veranschlagen sind, als es vielfach geschieht.

(Bravo!)

Vorsitzender: Wir sind damit an den Schluß der Debatte gelangt, und ich glaube aus der Zustimmung der geehrten Versammlung zu dem, was vorhin Herr Kollege Münsterberg gesagt hat, annehmen zu sollen, daß von einer speziellen Beschlußfassung über den Gegenstand abgesehen wird. — Wenn niemand widerspricht, will ich das im Namen der Versammlung hier konstatieren.

Leitsätze

zu dem Thema:

Die öffentliche Armenpflege auf dem Lande.

A. Decker (Bayern).

I.

Die ländliche Armenpflege in Bayern entspricht nicht immer den Anforderungen, die an eine gute Armenpflege gestellt werden müssen. Verspätetes Eingreifen der Armenpflege, Unzulänglichkeit der Hilfe nach Art und Umfang, Mangel an individualisierender Behandlung und an Vorbeugung gegen den Eintritt der Verarmung, ungerechtfertigtes Sparen auf der einen, Ausbeutung der Armenpflege, überflüssige Aufwendungen, Mangel an einer geordneten Kontrolle des Unterstützten auf der anderen Seite, kurz ein unrationelles Arbeiten sind häufig zu beklagen.

II.

Als Ursachen dieser Unzuträglichkeiten sind im wesentlichen zu bezeichnen:

1. die Verbindung der Armenunterstützungspflicht mit dem Heimatrechte, die Schwierigkeit des Heimatwechsels und als ihre Folge Belastung der ländlichen Gemeinden mit der Fürsorge für abgewanderte und heimatentfremdete Personen;

2. die zu geringe Leistungsfähigkeit vieler überbürdeter ländlicher Heimatgemeinden;

3. die Unmöglichkeit, gegen säumige Nährpflichtige, Trunksüchtige und Arbeitsscheue mit der notwendigen Schärfe vorzugehen.

III.

Abhilfe ist möglich:

1. durch weitere Zugeständnisse an den Grundsatz des letzten Aufenthaltes, und zwar entweder

    a) falls das Heimatprinzip beibehalten werden sollte: durch Erleichterungen im Erwerbe des Heimatrechtes, oder:

    b) durch den Übergang zum Prinzipe des Unterstützungswohnsitzes;

2. durch unmittelbare Übernahme gewisser Speziallasten auf größere Verbände, und zwar unter

    a) tunlichster Anknüpfung an die bereits vorhandenen Ansätze;

    b) Quotenbeteiligung der politischen Gemeinden an den Individualkosten, sofern die politischen Gemeinden an und für sich unterstützungspflichtig wären;

    c) Heranziehung sowohl des Kreises — für Anstaltspflege solcher Personen, bei denen die Notwendigkeit der Anstaltshilfe leicht feststellbar ist, als auch des Distriktes — für Unterstützungsfälle, bei denen die individuelle Würdigung eine größere Rolle spielt;

3. durch schärfere Maßnahmen gegen die Ausbeutung der Armenpflege;

4. durch Zusammenlegung kleiner Gemeinden im Wege der Gemeindegesetzgebung;

5. durch planmäßige Bekämpfung der Armutsursachen.

B. Kapp (Ostpreußen).

Die erhöhten Anforderungen an die öffentliche Armenpflege auf dem Lande im Osten der preußischen Monarchie werden vornehmlich hervorgerufen durch die in den letzten Jahrzehnten sich fortgesetzt verstärkende Massenabwanderung der ländlichen Arbeiterbevölkerung nach den einen reichlicheren Verdienst und bessere Lebenshaltung versprechenden Städten und Industriegebieten. Unter Zurücklassung derjenigen Familienglieder, die alsbald oder doch in absehbarer Zeit der öffentlichen Fürsorgepflicht anheimfallen, entzieht diese Abwanderung dem platten Lande gerade die arbeitsfähigen Kräfte und die für ihre Erziehung gemachten Aufwendungen. Sie erhöht daher nicht nur die

Armenlast, sondern vermindert zugleich die Leistungsfähigkeit der ländlichen Unterstützungswohnsitz-Gemeinden. Eine erfolgversprechende Bekämpfung der hieraus auf dem Gebiete der ländlichen Armenpflege erwachsenden Mißstände wird daher nicht umhin können, vor allem auf eine Beseitigung der Ursachen der Landflucht hinzuwirken: Im letzten Ende läuft sie hinaus auf eine Beseitigung der Mängel in der Verteilung der breiten Grundschichten unserer Bevölkerung. Die hier zur Entscheidung stehenden Fragen können daher nur gelöst werden im Zusammenhang mit einer gesunden Bevölkerungspolitik und den zu ihrer Durchführung erforderlichen Maßregeln agrar-, sozial- und wirtschaftspolitischer Art. Vor allem müssen im Wege der Gesetzgebung und Verwaltung alle zur wirtschaftlichen, sozialen und kulturellen Hebung der ländlichen Arbeiterschaft geeigneten Mittel ergriffen werden. Als solche Mittel bieten sich insbesondere die Seßhaftmachung der ländlichen Arbeiter und die ländliche Wohlfahrtspflege. Hand in Hand mit ihrer planmäßigen, zielbewußten Förderung ist die Übertragung der ländlichen örtlichen Armenpflege von den Einzelgemeinden auf größere leistungsfähige Träger ins Auge zu fassen. Auch ist die Gewährung erhöhter staatlicher Beihilfen im Wege ausreichender Dotierung der Provinzen zwecks Unterstützung der örtlichen Armenpflege anzustreben.

C. Lechler (Württemberg).

1. Die Ausübung der öffentlichen Armenpflege auf dem Lande zeigt da und dort bedauerliche Mißstände. Ebenso fehlt vielfach das Verständnis für eine vorbeugende Armenpflege oder im Falle eines Notstandes für dessen gründliche Beseitigung.

2. Die Ursache der Mißstände in der öffentlichen Armenpflege ist häufig darin zu suchen, daß kleine, wenig steuerkräftige Armenverbände nicht in der Lage sind, die zur Erfüllung der ihnen obliegenden Unterstützungspflicht erforderlichen Mittel allein aufzubringen.

3. Eine gründliche Beseitigung dieser Mißstände kann nur durch eine gerechtere Verteilung der Armenlasten auf breitere Schultern im Wege der Gesetzgebung erreicht werden.

4. Insolange dieses Ziel noch nicht erreicht ist, sollten wenigstens die Bundesstaaten denjenigen Armenverbänden, welche zur Zahlung

der ihnen endgültig auferlegten Kosten ganz oder teilweise außerstande sind (§ 59 des U. W. G.), die Erstattung ihrer Aufwendungen in liberalster Weise gewährleisten.

5. Neben der öffentlichen Armenpflege steht namentlich in ärmeren Landgemeinden der freien Vereinstätigkeit ein weites und dankbares Gebiet ihrer Betätigung offen, insbesondere in der vorbeugenden Armenpflege und in Notstandsfällen.

Ein beachtenswerter Vorgang in dieser Richtung ist geschaffen in dem seit mehr als 20 Jahren überaus segensreich wirkenden Stuttgarter „Verein zur Hilfe in außerordentlichen Notstandsfällen auf dem Lande".

D. Drechsler (Hannover).

1. Seit der Verhandlung des Armenpflegerkongresses im Jahre 1886, hat die ländliche Armenpflege ersichtliche Fortschritte gemacht. Fast überall sind die Armenlasten geringer geworden, nur wenige Gemeinden sind noch überbürdet.

2. Die Besserung hat ihre Ursache
    a) in dem preußischen Gesetz vom 11. Juli 1891, das die Fürsorge für die Geisteskranken usw. dem Landarmenverband (der Provinz) unter Beteiligung der Kreise und Gemeinden an den Kosten übertragen hat;
    b) in der sozialen Gesetzgebung. Durch die Rentenzahlungen, die vorbeugende Tätigkeit der Landesversicherungsanstalten und den allgemeinen Aufschwung der Krankenfürsorge hat die Armenpflege vielfach vermieden werden können.

3. Als ein Mißstand muß es nach wie vor empfunden werden, daß die auf dem Lande regelmäßig äußerst knappe Unterstützung vielfach bei ortsfremden Personen überreichlich gewährt, daß die Hilfsbedürftigkeit solcher Personen künstlich geschaffen oder ihnen das Niederlassungsrecht verkümmert wird. Dieser Mißstand kann durch eine ständige Überwachung seitens des Landarmenverbandes nur teilweise und mit großen Kosten beseitigt werden.

4. Eine gründliche Besserung läßt sich durch eine Änderung der Armengesetzgebung erreichen, welche den Ortsarmenverband des Aufenthaltsortes statt vorläufig regelmäßig endgültig zur Unterstützung verpflichtet. Eine solche Bestimmung macht auch das kostspielige und

umständliche Ersatzverfahren überflüssig, dem namentlich die ländlichen Gemeindevorsteher oft nicht gewachsen sind, und führt zu einer gleichmäßigen Anwendung der öffentlichen und privaten Wohltätigkeit. Die größere Belastung der Ortsarmenverbände ist durch Übertragung weiterer Zweige der Armenpflege an größere Verbände und durch Schaffung von Gesamtarmenverbänden auszugleichen.

5. Zu den Aufgaben, welchen die Ortsarmenverbände, namentlich die ländlichen, nicht gewachsen sind, und die auf einen großen Verband übertragen werden müssen, gehört in erster Linie die Fürsorge für die Wanderarmen. Die Anwendung des preußischen Wanderarbeitsstättengesetzes ist durch die Forderung einer Zweidrittelmehrheit des Provinziallandtags äußerst erschwert. Es ist daher dringend erwünscht, daß bei der unter 4 vorgeschlagenen Änderung des Gesetzes über den Unterstützungswohnsitz die vorläufige und endgültige Fürsorge für die Wanderarmen dem Landarmenverband auferlegt wird. Damit würde auch der Abschiebung kranker und arbeitsunfähiger Wanderarmer vorgebeugt und ihre Unterbringung in geeignete Anstalten gesichert sein.

6. Das preußische Gesetz vom 11. Juli 1891 muß ausgedehnt werden:
   a) auf diejenigen Idioten, Blinden und Taubstummen, die nur ihrer Ausbildung wegen der Anstaltspflege bedürfen, da die jetzige ungleichmäßige Behandlung zu Härten führt;
   b) auf die Krüppel, deren notwendige Ausbildung zur Erlernung eines Handwerks vielfach aus Scheu vor den Kosten unterbleibt;
   c) auf Sieche und Gebrechliche, deren Unterbringung in einem Siechenhaus oft unterlassen wird, da sie der Gemeinde mehr kostet als diejenige der Geisteskranken;
   d) auf Arbeitsscheue und Trinker, deren zwangsweise Festhaltung in einer geschlossenen Anstalt im Verwaltungswege nötig ist.

7. Die bisherige Entwicklung der Krankenpflege, zu deren Ausübung die ländliche Gemeinde ungeeignet ist, muß ihren notwendigen Abschluß in der gesetzlichen Übertragung der armenrechtlichen Krankenfürsorge an den Kreis finden, unter Beteiligung der Ortsarmenverbände an den Kosten des einzelnen Falles.

8. Eine Übertragung der Fürsorge für arme Voll=Waisen und uneheliche Kinder auf den Kreis, sowie eine staatlich geregelte Aufsicht über alle bei fremden Leuten auf dem Lande untergebrachten Kinder

ist erforderlich, um die Kinder vor Ausnutzung zu bewahren und ihnen eine gute Unterkunft zu sichern.

9. Gesamtarmenverbände erfüllen ihre Aufgaben in jeder Richtung besser als die einzelnen kleinen Ortsarmenverbände. Da die freiwillige Bildung von Gesamtarmenverbänden regelmäßig scheitert, muß die Möglichkeit einer zwangsweisen Zusammenlegung gefordert werden.

10. Beihilfen an leistungsunfähige Ortsarmenverbände sind quotenmäßig zu bemessen.

Printed by Libri Plureos GmbH
in Hamburg, Germany